U0905253

企业创新对 IPO 市场的影响研究

——基于中国证券市场数据的实证

周　率　著

中国财经出版传媒集团
中国财政经济出版社

图书在版编目（CIP）数据

企业创新对 IPO 市场的影响研究 ：基于中国证券市场数据的实证/周率著. --北京 ：中国财政经济出版社，2019.11

ISBN 978-7-5095-9382-0

Ⅰ.①企… Ⅱ.①周… Ⅲ.①上市公司-企业管理-研究-中国 Ⅳ.①F279.246

中国版本图书馆 CIP 数据核字（2019）第 243862 号

责任编辑：叶 彤　　　　责任校对：胡永立

封面设计：北京兰卡绘世

中国财政经济出版社 出版

URL：http：//www.cfeph.cn

E-mail：cfeph@cfeph.cn

（版权所有 翻印必究）

社址：北京市海淀区阜成路甲 28 号 邮政编码：100142

营销中心电话：010-88191537

北京财经印刷厂印刷 各地新华书店经销

787×1092 毫米 16 开 11.25 印张 200 000 字

2019 年 11 月第 1 版 2019 年 11 月北京第 1 次印刷

定价：48.00 元

ISBN 978-7-5095-9382-0

（图书出现印装问题，本社负责调换）

本社质量投诉电话：010-88190744

打击盗版举报热线：010-88191661 QQ：2242791300

序　言

波澜壮阔的改革开放改变了中国，也影响了世界。在四十年改革开放的伟大历程中，金融作为实体经济的血脉，实现了从大一统的计划金融体制到现代金融体系的“凤凰涅磐”。我国也初步建成了与国际先进标准接轨、与我国经济社会实际契合的中国特色社会主义金融发展路径。

经过四十年努力，我们不断改革完善金融服务实体经济的理论体系和实践路径：持续优化完善传统信贷市场，为服务实体企业改革发展持续注入金融活水；建立健全以股票、债券等金融工具为代表的资本市场，畅通实体企业直接融资渠道，增强其可持续发展能力；推动低效产能有序退出市场、临时困难但前景良好的企业平稳渡过难关、优质企业科学稳健发展，鼎力支撑我国企业从无到有、从小到大、从弱到强，逐步从低端加工制造向高附加值迈进。

经过四十年的努力，我们基本构建了以人民为中心的居民家庭金融服务模式。不仅借鉴西方现代金融实践，支持家庭部门熨平收入波动，实现跨期消费效用最大化；而且充分利用我国银行业分支机构延伸到乡镇、互联网全面覆盖到村落等良好基础设施，逐步实现基础金融服务不出村，促使我国普惠金融走在了世界前列；同时，积极构建与精准扶贫相配套的金融服务体系，发挥金融在扶贫攻坚中优化资源配置的杠杆作用，为人民实现美好生活提供金融动力。

经过四十年努力，我们探索了从国民经济循环流转大局增强金融和财政合力的有效方式。在改革开放过程中，我们不断优化财政支持与金融服务的配套机制，运用金融工具缓解财政资金使用碎片化问题和解决财政资金跨期配置问题，增进财政政策促进经济结构调整和金融政策促进经济总量优化的协调性，持续提升国民经济宏观调控能力和水平，既避免金融抑制阻碍发展，又防止过度金融风险集聚。

2008年，美国次贷危机引发的全球金融海啸引发了人们对金融理论和金融实践的深刻反思。金融理论是否滞后于金融实践，缺乏对金融实践有效的指引？金融实践是否已过度复杂化，致使金融风险难以识别、度量和分散？近年来，随着互联网、大数据、人工智能、区块链等技术的出现，科技发展在极大提高金融业服务之效的同时，也对传统金融业带来了冲击。金融业态正在发生重大变化，金融风险出现新的特征。在新的背景下，如何处理金融改革、发展、创新与风险监管的关系，如何守住不发生系统性金融风险的底线，已经成为世界性重大课题。在以习近平同志为核心的党中央坚强领导下，我国进入中国特色社会主义新时代。在这个伟大的时代，对上述方面进行理论创新和实践探索的任务非常艰巨，使命非常光荣。为完成这一伟大历史使命，需要建设好一流金融学科和金融专业，大规模培养高素质金融人才，形成能力素质和知识结构与时代要求相匹配的金融人才队伍。北京正在建设“政治中心、文化中心、国际交往中心、科技创新中心”，加强金融学科建设和金融人才培养正当其时。

欣闻首都经济贸易大学金融学成功入选北京市一流专业，正在组织出版“北京市一流专业建设系列成果”，这在打造高素质金融人才培养基地上迈出了重要步伐，将对我国金融学科和金融专业的建设起到积极的推动作用，为促进我国金融高质量发展并建成现代金融体系做出应有贡献，为实现伟大复兴中国梦提供有益助力。

尚福林

2019年10月

前　言

自党的十八大以来，各行各业把创新放在了极其重要的位置。党的十九大更是将创新提到了前所未有的高度，习近平总书记在报告中58次提到了“创新”二字，强调要更加注重创新驱动，要求我们必须不断认识规律，不断推进理论创新、实践创新、制度创新、文化创新以及其他各方面创新。

早在1934年，奥地利经济学家熊彼特以西方资本主义制度为大环境，探索了“创新”在社会经济发展当中的本质意义。在他著名的“创新理论”中，以独特的视角诠释了技术创新与经济发展之间的相关性。他把不同的生产要素和生产条件下所产生出的“新组合”，称为“创新”的本质所在。而对于“企业家”来说，他们的职能则是要实现“创新”，造就“新组合”。资本主义社会中“经济发展”的意义就是需要不间断地实现“新组合”，换言之，永不间断的创新是国家和社会经济发展的本质所在。然而，国家和社会整体的经济增长和发展，更离不开各个资本市场（如IPO市场、产品市场等）的运作和影响。因此，以中国特色社会主义新时代为研究大背景，以熊彼特的“创新理论”为研究基础，探索“创新”对社会主义新兴国家资本市场的经济发展的影响，则更具有极其重要的理论意义与现实意义。

在目前已被普遍接受的投资策略中，创新资本通常不被认为是重要资产。本研究旨在探讨创新信息在中国首次公开发行（IPO）市场上的影响及意义。为了获得上市前企业的创新指标，基于创新信息的不同维度，构建了相关指标来衡量企业创新资本。同时，本研究将中国IPO市场分为三个阶段，包括新股IPO短期表现、IPO长期表现以及IPO后产品市场的反馈表现。这一研究不仅对新兴国家上市公司的 IPO 异常现象做出了详细分析，并且对企业上市决策提供了新的启示。本研究也涵盖了有助于提高我国产业政策实施效率的实证分析，为提高我国资本市场的资源配置效率提供有价值的参考，并能更好地了解中国的产品市场和 IPO 市场之间的相互影响。

首先，基于中国 A 股市场的特殊制度环境，本文从 IPO 历史上的不同时期着手，对企业 IPO 前创新对 IPO 短期抑价与 IPO 蜜月期（2014 年后中国 IPO 市场上新股抑价的新形式）的关系进行了新的解释。对于创新投入（R&D），我们研究发现研发支出对 IPO 抑价有着显著的影响。基于信息不对称理论，发现研发活动具有信息不对称性和估值不确定性的特点，从而导致新股在资本市场上更容易发生 IPO 抑价现象。相反，从创新产出（专利）的角度来看，研究发现专利能传递积极信号从而可以显著降低新股抑价程度。因此，公开披露创新信息可以帮助发行人减少 IPO 成本。总之，IPO 公司的研发支出越多，其 IPO 抑价的程度就越大。而 IPO 公司的专利数量越多，其 IPO 抑价的程度就越小。除此之外，为了进一步检验在我国宏观经济政策的作用下，创新对 IPO 短期市场表现的影响是否会有所扩大或减小，我们以在新兴市场上具有争议性的产业政策为调节变量，考察其在 IPO 短期市场上的有效性提供了更好的实证分析和新的证据。研究表明，2014 年之前，企业的创新投入和创新产出在产业政策的作用下都将增强他们对 IPO 抑价程度的影响，产业政策在 IPO 市场上也起到了调节作用。但是，由于中国多变的宏观经济环境，对于 2014 年以后首次公开募股的公司，产业政策则在中国资本市场上扮演着完全不同的角色。因此，我们认为政府应该利用产业政策作为“看得见的手”来引导行业发展，进一步改善宏观经济环境，以提升 IPO 市场上产业政策的激励效应。

其次，企业 IPO 前的创新水平（R&D 投资和专利数量）对其在 IPO 市场上的长期表现可能也会产生截然不同的影响。本研究利用 Fama - French 五因子模型和 OLS 回归分析，分别考察了拥有不同高低水平的创新资本的公司对其在 IPO 市场上的长期表现的影响有何不同。从创新产出（专利）的角度来看，专利数对公司 IPO 后的股票表现有积极的影响。相反，创新投入（R&D 强度）对企业 IPO 的长期表现有负面影响。因此，考虑到企业和行业的创新能力在现代经济环境下的普遍且持续性的增长趋势，创新作为影响 IPO 表现的一个重要因素，有助于大众更深层次地了解中国 IPO 市场中股票的长期市场表现，这一重要的经济和资本市场现象。

最后，创新对于一个公司的日常经营、行业内竞争和企业发展战略均起着重要作用。此外，创新水平的高低对企业未来的投资决策和产品市场竞争地位的提升有显著影响。本研究的第三个目的是考察企业 IPO 前创新资本对其在产品市场上的影响及其所能得到的反馈表现。这项研究分成两部分进行：第一部分，利用企业上市后 5 年的销售额、利润额和资本支出作为企业 IPO 后产品市场上的经营业绩的指标，来检验企业创新对其在产品市场上公司的经营绩效的影响。第二部分，我们考察了在高技术创新时期上市的企业是否在产品市场上更具竞争力。我们用相对市场份额和绝对市场份额作为产品市场竞争力的指标，检验了其与企业 IPO 前创新水平的相关性。研究检验了创新能否帮助企业在产品市场上提高其生产力，以此获得更多投资机会，同时刺激企业的公共融资用于未来投资，以及最终企业是否在上市后产品市场上的竞争地位有所提升。

作者

2019 年 10 月

目 录

图表目录

1. 绪论

1.1 研究背景

回顾中国经济近十年的发展进程，我国已然进入了一段逐渐向高收入国家靠拢，且为实现创新驱动发展打好基础的关键时期。以迈进创新型大国行列为发展目标，中国仍需要更多的产业和企业的创新研发能力来推进国家的创新发展。

中共十八届五中全会着重指出了“创新”的重要性，大会主题明确了“创新、协调、绿色、开放、共享”五大发展理念。这是我国在“十三五”乃至更长时期内的发展思路、方向和着力点。在其中，“创新”一词排在了第一位。这预示着“创新”将成为我国目前以及之后几年里首要实现和实行的关键点，同时影响和引领着其他四大理念的持续发展。

党的十九大更是将创新提到了前所未有的高度，习近平总书记在报告中 58 次提到了“创新”二字，强调要更加注重创新驱动，要求我们必须不断认识规律，不断推进理论创新、实践创新、制度创新、文化创新以及其他各方面创新。尤其在 2016 年 5 月 25 日的讲话中曾明确指出“创新要以企业为主体，市场为导向，政府搭平台”来实现中国成为发展中大国的创新目标。因此，以宏观国家创新能力发展为出发点反向推导，不难发现要实现国家层面的创新目标必须要传统产业能在创新上充分发挥其优势，而产业的创新则又由企业的活力来激发。由此，目前我国新兴企业能否通过创新来获得其在市场上的竞争力从而带动其发展，直接决定了我国产业结构的升级和国家宏观经济持续发展的顺利推进。

纵观全球经济现状，创新资本早已成为发达国家经济发展中不可忽视的关键衡量指标之一。国家的经济发展离不开创新的突破，而创新资本的关键则主要取决于各个企业的创新驱动力。企业层面的创新驱动力也往往决定了我国产业结构的优化，尤其是战略性新兴产业的发展趋势。想要成为创新型发展中大国，企业创新能力不可忽视。

然而，在企业的成长进程中，创新资本往往被直接归纳为隐形资本（如专利），容易被忽视其重要性和真正的价值。这些通常在财务报表中被无视和忽略的创新资本使公司在选择进入资本市场（如 IPO 市场）时都孕育着非常严重的信息不对称性。由于相对匮乏的信息透明度和局限的财务信息披露监管系统，使得这种严重的信息不对称性在发展中国家变得尤为显著。中国作为一个发展中大国，其 IPO 市场的监管系统自 1990 年建立以来历经了审批制、核准制、保荐人制度以及目前进入过渡期的注册制。同时，在这期间中国证监会考虑到我国二级市场的发展、新股发行制度的改革等诸多原因，至今为止对我国 IPO 市场已经进行过 9 次暂停和 9 次重启。足以可见中国 IPO 市场随着时间和政策的调整在不断地进行着全面的改革和演变。同时也暗示着我国资本市场的不成熟和相对不完全发展。因此，在新兴发展中国家，创新资本更应该成为资本市场上信息不对称性的重要考虑和关注因素之一。

1.2 研究意义与研究目标

1.2.1 研究意义

目前，“创新”理念的提出与倡导自党的十九大以来得到了相应系统之间更积极的响应，然而如何使其理念完全融合进入资本市场的各个发展关节点成为主要的问题和关注点。首先，在探讨关于“创新”理念在经济发展中的重要意义的同时，有一位经济学家是决不容被忽视的——著名奥地利经济学家熊彼特（Joseph A. Schumpeter）。他是最早提出“创新理论”并从本质上研究其在资本主义社会经济发展上的主要意义的先驱者。在1934年他的成名之作《经济发展理论》中就首次提出了曾轰动西方经济学界的“创新理论”，并由此为人们打开了对创新理论的认识和研究之旅。

在其中，熊彼特以“对于利润、资本、信贷、利息和经济周期的考察”作为副标题对社会经济的发展进行探讨，可见其涉及范围相当广泛。然而，最引人注目且被后人所传承的，还属他的“创新理论”。他运用循环流动经济模型解释和证实了最早期的创新理论。假设在经济活动中存在着一种“循环流动”的“平衡”状态。每一个企业都处于完美的平衡之中时，那么也就意味着：其成本等于收入，价格等于平均成本，由此净利润为零。生产的过程只是一个反复循环的结果，由此被认为是一种简单再生产的过程。在熊彼特的理论中，一般均衡的概念被应用于对比和解释公司通过创新改变其现状之后的经济发展形式。均衡更像是一种简单的理论用来解释“创新”所带来的不平衡效应。创新，被定义为能成功地引入新产品和新服务，是经济体系从“均衡的区域”中被分离出来的结果。由此，随着创新的影响“逐渐消失”，又再次慢慢恢复成为另一个新的平衡区域（Schumpeter，1939）。这也就是熊彼特所提出的“创新理论”的本体所在。

与此同时，熊彼特在研究从常规经济增长到“动态”经济发展的转变过程时，提出了一个“新组合”的概念。他认为这些“新组合”也可代表为一种新产品、一种新方法、一个新市场、一种原材料的新来源，或者实现了任何产业的新组织。尽管在他的大部分研究中，都将创新作为一种新的组合，但同时也将创新定义为“建立了一个新的生产函数”。换言之，“创新”就是将从未发生过的生产要素和生产条件下的“新组合”引入现有的生产体系之中的过程和行为结果。而“经济发展”，也就是指整个社会在不间断地实现着这种“新组合”的生产和创造的过程。因此，这其中一个重要的观点也逐渐显现出来，也就是，“创新”可以被看作“创造性破坏”的一种浪潮，它可以重组整个市场。从生物学的角度来说，就是“从内部革新经济结构，不断地破坏旧的，从而也不断地创造新的结构”

的整个过程。正是由于这种“创造性破坏”的产生，才更进一步地实现了“创新”对社会经济发展的作用。

“创新理论”也就是熊彼特的“经济发展理论”的核心所在，他以资本主义制度为大环境，探索了创新在社会经济发展当中的本质意义。当然，一个国家或社会整体的经济发展，是由各个市场和经济体所组建而成的。国家和社会整体的经济增长和发展，离不开各个资本市场（如 IPO 市场、产品市场等）的运作和影响。且现有文献表明，一个高度发达的金融市场有助于通过获得资本的分配及降低资本和评估项目的成本来激励创新（Brown 等，2009；Hsu 等，2014）。

从资本市场的研究角度来看，越来越多的学者也已经证实了“创新”的重要性和其对于企业在资本市场上创造价值的过程中的决定性作用。企业筹集资金投资于他们的研究和开发（R&D）是为了能更好地发展其创新型产品与服务，以此来提高公司自身在资本市场上运营的未来业绩。在这一领域的先驱学者们早已发现创新与企业在资本市场上的价值之间存在的正相关关系（Griliches，1981；Pakes 和 Griliches，1985）。

然而，也有一部分学者的研究结果表明，去破译创新最终对于企业市场价值的影响是很难的。其难点在于创新投资具有不确定性和严重的信息不对称问题，以至于人们很难正确评价创新项目或资本在市场上的价值。实际上，创新资本作为一个非常可靠的企业市场价值的考察值，对于其在各个资本市场上的作用也就有了很大的争议性。因此，从“创新”的主题出发，通过国家、产业和企业的三个不同的宏微观层面，全面探讨其在资本市场上的作用和影响就变得尤为重要。

例如，从先前的一些研究看，Griliches（1981）研究美国上市公司的专利和研发支出数据发现，如果投资于创新资本，则从长期的视角来看企业可以获得高达 200% 的投资回报率。随着近年来研究问题的发展，已有学者开始逐渐转向探索企业创新对其在资本市场上的经济决策和活动方面的影响。例如，Pástor、Taylor 和 Veronesi（2009）证实民营企业往往会在其创新达到突破点的时候决定上市。Bernstein（2015）则发现企业在上市时达到了其创新活动的顶峰。这种现象致使我们提出重要的研究问题：新上市公司的创新资本是如何影响它们在IPO市场上的市场表现的？又是如何影响其在上市后的产品市场上的地位和竞争力的？

尽管在现有研究中对IPO定价方面的文章在整个金融领域的研究文献中已非常丰富，但是将创新与IPO市场相结合，探讨其之间相互影响的文章却非常少见。因此，我们从创新的角度出发，将企业IPO的市场分为三个不同时间阶段，探索企业创新对其在IPO市场上的三个不同阶段的市场表现。

首先，从短期的IPO市场表现来说，IPO抑价现象早已成为全球市场所面临的热门问题。随着时间的推移，学者们也从各个角度对IPO抑价现象做出了理论和实证方面的大量研究和总结。“抑价”指的是当IPO公司的发行价低于其在首个交易日的收盘价时，意味着该公司向大众出售的股份价格低于其实际的市场价值。当新股定价过低时，这也就是管理层“把钱放在了桌子上”。换言之，他们失去了这种能更准确地反映出其公司价值的额外收益。对于公司在IPO前的定价和估值，其本质上就隐藏着严重的信息不对称性。而在大多数情况下，对于作为企业无形资产的创新资本来说，更是存在着严重的不确定性和信息不确定性。因此，要考察创新在企业IPO短期业绩上的作用和价值就显得十分重要，企业创新水平是会加强企业IPO抑价现象还是减弱IPO抑价现象？这值得我们去进行深刻的考究。

其次，从长期市场表现的角度来看，我们知道投资者在最初做投资决策时，很难对无形资产的信息做出准确的判断，尤其是在考察到那些对于公司未来发展预期并不确定的创新信息时。因为这类信息与企业战略选择和产业组织结构的重大转变脱不了关系而显得尤为重要。例如，由于资金预算限制、市场的竞争程度和市场的需求，公司可能不会在国家批准专利后立即将批准的专利转化为最终产品。因此，一旦有对于公司创新前景发展的公众新闻或规定发布，其股价都将会产生相应浮动。换句话说，在好消息被公布之后公司会有正面的异常回报；同时也会在坏消息发布之后，产生负的异常回报。由此，我们不仅从短期市场表现研究了创新对企业在IPO 市场上的影响作用，同时将考察周期延伸到其长期的市场表现上，以此全面地分析企业创新在 IPO 市场上所扮演的重要角色。

最后，在经历技术变革的行业中，证券发行的最佳时机、定价和成功上市不仅取决于个别公司，也取决于产品市场的竞争环境。能开创新技术的公司往往会面临更多的权衡取舍的机会。早期投资的开创型公司可能会在产品市场上获得更多优势。然而，倘若一个企业在这个产品市场上没有一项占优势的新技术，那么这将会成为它所面临的最大风险。这样的后果是它很有可能随后被市场上的其他竞争对手排挤出去，而这些把它击败的竞争对手将最终在产品市场上拥有更好的独立技术和更有力的竞争地位。当然，对于企业而言，它们也同样面临着一些潜在风险，在它们进行投资和融资决定时也会向潜在的进入者披露其自身有价值的信息，有价信息的外露无疑成为它们的后顾之忧。所以，创新信息的披露是企业在进行投融资决定，例如上市时，将要面临的重大考验。一个新的公司进入 IPO 市场，对其所在的产品市场上的竞争地位和竞争力会有怎样的改变？其创新资本又会为它在上市后的产品市场上带来怎样的反馈表现？朝着这个研究方向，我们将进一步研究创新资本对企业在 IPO 后产品市场上的反馈表现影响，以循序渐进地进行全面的分析，探究企业创新在各个资本市场上的影响和作用。

因此，本课题在熊彼特的“创新”理论意义之上，结合我国特色社会主义新时代的资本市场的大环境，探讨了企业创新对其在我国资本市场上的实际影响和作用。这对于中国以成为新时代创新型大国为目标，形成了坚实的理论参考标准。同时，根据我国已进入中国特色社会主义新时代的现状，在这样的背景下对本课题的研究也更具有重要的理论意义与现实意义。

1.2.2 研究目标

为了全面解释企业创新在 IPO 市场上的表现，如短期 IPO 抑价或长期

IPO 弱势。我们将中国资本市场分为了三个不同阶段来考察企业创新能力的作用。这些阶段包括了 IPO 市场上的短期 IPO 表现和长期 IPO 绩效，以及其在上市后产品市场上的反馈表现。因此，研究不仅解释说明了新兴资本市场上的 IPO 异象问题，并且为如何提高资本市场资源配置效率提供了实证依据，同时对企业创新能力及创新资本在中国 IPO 市场和产品市场上的相关性影响做出了全面分析和解释。具体的研究目标可以分为以下几点：

（1）对创新与 IPO 市场的相关理论做相对详细的梳理，结合我国 IPO 市场的注册制的大环境说明其研究的必然性。分析我国的“创新”发展概念对现阶段的 IPO 短期表现的影响，结合产业政策的宏观经济政策进行全方面探讨，探索产业政策下企业创新对 IPO 市场短期表现的调节作用，填补宏观经济政策和微观机构机制之间相互影响的研究文献。

（2）企业创新对 IPO 长期表现的影响研究。由于中国属于新兴的发展中创新大国，其市场机制还属于不完全成熟的状态，并且 IPO 市场上的监督机制也在不断地完善。为了给注册制的推进增加更多的实证研究数据和参考内容，我们以中国 A 股市场这样的新兴市场为研究背景，从长期的市场表现角度出发，找出企业创新能力对其在上市后的股票市场表现的影响和作用，不仅探索了中国 A 股市场上新股长期表现的现状，也探讨了企业创新对 IPO 长期市场表现的实证分析。

（3）除了对 IPO 短期和长期表现进行解释和研究之外，第三个研究目标为，企业创新对 IPO 后产品市场反馈表现的影响分析。结合产业经济学，我们将这一部分分为两大内容，首先，我们分析了在 IPO 之前的企业创新对其在 IPO 后产品市场上业绩表现的影响；其次，分析了企业创新对公司在上市后产品市场上的竞争地位和竞争力的影响大小，以此来丰富这一研究领域的文献。

1.3 研究思路与研究方法

1.3.1 研究方法

本书主要采取规范研究和实证研究相结合的方法。理论层面采取一般经济学的分析范式论证企业创新对 IPO 市场和 IPO 后产品市场的影响。在实证层面，运用截面数据回归的方法，并且结合事件研究法和 Fama - Frech 五因子模型进行回归分析。除此之外，运用 EXCEL VBA 和 STATA/MP 14.0 软件对数据进行整理和分析。

1.3.1.1 中国 IPO 市场数据

关于资本市场方面的股票首日回报率、长期回报率以及相关的财务业绩表现数据，主要来自 CSMAR 数据库和 RESSET 数据库综合整理获得，以 2009 ~ 2016 年中国 A 股市场上市公司的数据作为研究样本。

1.3.1.2 企业创新指标与数据

为了获得 Pre - IPO 阶段企业创新能力的测量指标，本书根据创新信息的不同传达方式建立了两个完全不同维度的创新指标：创新投入（研发支出）和创新产出（专利）。我们设定企业专利数及研究开发支出作为创新指标：第一，专利和研发支出的数据都来自手工收集的各个公司的招股说明书；第二，对于缺失的专利数据来自于中国国家知识产权局官网申请。

1.3.2 研究框架

本书整体遵循问题的提出——理论文献分析——实证分析——结论与建议的研究框架，具体如下图所示：

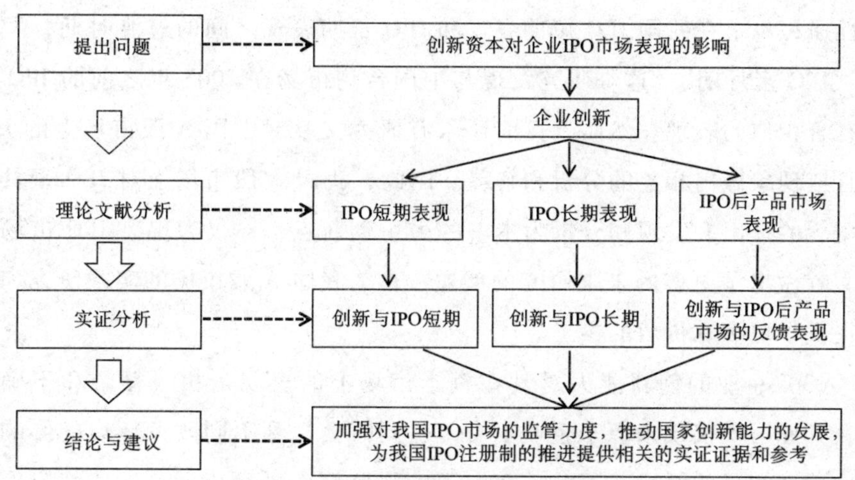

1.4 研究特色与创新之处

“创新”发展的主题概念早已成为我国经济发展以及学术界研究的热点，但是通过概念抓住其在市场上的本质影响因素，将企业创新与我国IPO 市场之间的关系从不同角度来探讨和实证分析的文章目前并不多，所以本书试图从企业创新这一新的角度来诠释 IPO 市场的一系列现象。除此之外，还从以下几个方面对现有文献进行了探讨，并且对本学科发展的研究做出了创新总结：

（1）与西方一些发达市场的研究不一样，我们把“创新”以获取信息的不同维度来进行分类分析。研发投资（R&D）表明企业致力于创新，专利则属于对创新信息的产出和结果。两者在同一市场虽然都包含了创新的信息，然而与前人的研究不一样的是，两者所扮演的角色完全不一样，并且其信息的传导机制也截然不同。从不同的信息传递角度来分析企业创新对 IPO 市场的影响，这也实属对我国“创新”资本的一种全新的诠释，通过这一研究可以使企业与市场能更加充分地利用其创新资本，从而使得资源分配在资本市场上能更加合理。

（2）在探讨企业创新对 IPO 市场表现的影响时，将 IPO 市场表现分成了短期表现和长期表现来解释分析。由于我国 IPO 市场的复杂制度和强监管性质，本书在我国 IPO 短期表现和 IPO 长期表现之间的过渡时期，发现了“IPO 蜜月期”，这一研究发现与中国台湾市场在 2005 年之前的 IPO 市场有着相似的表现。然而，目前还未有研究文献对中国 A 股市场上的 IPO 蜜月期现象做出相关的分析和解释。因此，我国 A 股市场上对 IPO 蜜月期的概念的提出、发现和分析为本书的另一创新点，不仅为现有 IPO 市场上的文献做出了更多的未来研究的展望，也为我国 A 股市场的实践研究和发展提供了更多有价值的参考。

（3）企业的创新能力对其在资本市场上的表现是相对复杂和不确定的，其原因不仅仅来源于企业本身，也同时会受到不同政策环境的影响而产生截然相反的效应。因此，在中国的强监管市场环境下，一些特定宏观政策的存在（如：产业政策）就显得尤为重要。一定程度上，在宏观政策作用下的市场环境，会对个人和机构的经济行为产生相对重大的作用，从而影响它们之间的相关性。因此，本书考虑到我国处在政府强监管干预的市场环境之下，加入产业政策这一宏观经济政策的影响因素，考察了在我国产业政策的实施是增强还是减弱了创新对企业在 IPO 市场上的表现的影响和作用。同时，分析了产业政策在我国 IPO 市场上的有效性。帮助了解宏观经济政策对微观经济结构的影响，为新兴市场的现有金融研究增加新的研究证据。

（4）把金融市场理论与产业经济学理论相结合，构建了我国资本市场与产品市场之间的桥梁。在以往的文献中，学者们通常把这两个市场分成完全不同的研究领域。尽管在产品市场和股票市场领域都有大量的研究文献，但是关于这两者在中国的相互作用的相关研究却很少。因此，本书受到 Chemmanur、He 和 Nandy（2010）研究的启迪和启发，扩展了创新能力在中国 IPO 市场和产品市场上的经验证据。在探讨企业创新对 IPO 市场的影响研究的同时，将我国 IPO 后产品市场上的反馈表现也考虑在其中，进一步将两类资本市场之间的关系进行分析。企业在 IPO 市场上的表现与其在 IPO 后产品市场上的反馈表现有着不可分割的联系，两个市场并不是完全分离和独立的，而是相互作用和相互依存的。

2. 基本理论与文献综述

纵观国内外的学术文献，可以发现对于资本市场上的首次公开发行（IPO，Initial Public Offering）的研究已经相对成熟，并且一直是学术界较为热门的研究课题之一。IPO 市场上主要的现象有三种：IPO 短期抑价、IPO 长期弱势和 IPO 热销现象。在本书中，我们主要研究 IPO 短期表现和 IPO 长期表现，除此之外，还有 IPO 后产品市场反馈表现。因此，主要的研究文献综述分为：第一，IPO 短期抑价（IPO Underpricing），即 IPO 首日收益率过高，新股发行首日收盘价显著超过新股的首次发行价格。第二，IPO 长期弱势（IPO Underperformance），经历过 IPO 首日股价超额收益率的股票通常之后在市场上的长期回报率会相对有所减弱，这种股价低迷现象是非常普遍的，以使得新股逐渐回归到其本身真正的价值。第三，IPO 后产品市场反馈表现（Product Market Feedback），企业上市后产品市场上的业绩反馈，也即 IPO 与产品市场相关性的研究。由于我国的 IPO 市场较发达国家而言，处于相对不成熟的新兴市场阶段。因此对于中国 IPO 市场上的异象表现，学者们还在不断地挖掘其内在原因，并试图对市场上这种现象做出更具体的解释。本书将根据国内外学者们在这一领域的研究成果和理论分析，进一步探索我国 IPO 市场的内在机制，以及 IPO 市场和产品市场之间的相关性研究。

2.1 IPO 短期抑价研究综述

新股发行抑价（IPO Underpricing），即新股发行价通常显著低于其上市首日收盘价的现象。这一现象的问题研究早在 20 世纪 60 年代末就已经开始，Reilly 和 Hatfiled（1969）利用美国市场的样本数据进行了分析，并且发现 1963 年 1 月 ~1965 年 12 月间美国市场上市的 53 家公司其股票价格的首日收益率远远超过了同期的市场基准收益率。由此，便开启了 IPO 短期抑价这一课题在学术界中的研究之旅。此后许多学者根据不同的时间段、样本、市场和国家对新股发行抑价现象进行了大量的理论分析和实证研究。结果表明，新股发行的短期抑价现象对于世界各国、各个市场而言都是非常普遍的现象。不仅发展中国家的新兴市场存在，发达国家的成熟市场也同样存在着这一现象。然而，与发达国家相比，发展中国家的 IPO 抑价率（平均 50% ~70%）远远高于发达国家的成熟市场的新股发行抑价程度（平均 10% ~25%）。并且，在新兴市场中，我国的 IPO 抑价率尤其显著且早已成为我国资本市场发展的重要关注问题之一。

2.1.1 国外研究综述

国外学者对于 IPO 抑价现象的阐述已经相对较成熟。对于 IPO 抑价现象的解释和研究理论大部分都是建立在信息不对称（Information Asymmetry）的理论基础之上进一步细化和分类而成的。基于此，本书通过分析市场各个参与者的不同角色和作用，将现有研究文献和理论进行新的归类与总结，其主要由以下几大部分组成：

2.1.1.1 基于发行人与承销商之间的信息不对称

（1）委托代理理论（Principal - agent Theory）：最早由 Baron 和 Holmstrom（1980）发现在新股定价阶段，即使发行人有意愿使新股收益最大化，承销商一方也会倾向于将价格压低以使得其成本最低化。由此可以看出，承销商与发行人之间在新股定价阶段存在利益争夺。然而，在 IPO 抑价现象是既定事实的情况下，承销商实际上是比发行人对新股定价更有决定权的。到了 1982 年，Baron 再次指出承销商是信息获得的主要载体，因此其信息优势是显而易见的。与此同时，他发现随着时间的推移，发行人将对市场的行情越来越熟悉和了解，并且也会逐步获得更多的有效信息，这时承销商的功能会因此而逐渐下降。因此，假设当发行人完全掌握市场的动机和完全信息的时候，发行人将不再需要承销商。然而，市场实际情况是发行人无法获得市场上的完全有效信息而只能妥协于承销商的定价决策从而保证新股的成功上市。

进入 21 世纪，Ljungqvist（2003）研究了承销商补偿的作用，其主要目的是为了减轻发行人和其承销商之间的利益冲突。他们发现承销商的补偿对发行人的价值越敏感，则两者之间的矛盾就会越少，从而使得 IPO 抑价也有所减轻。Loughran 和 Ritter（2004）根据承销商与发行人之间的潜在代理问题发现，代理问题主要是由承销商在新股定价设定中的作用引起的。IPO 抑价实际上是将发行人的财富向投资者转移的一个过程，投资者会通过给承销商补偿性的支付来争夺被低估股票的资产支配权。Eckbo（2008）对此问题给出了一个例子，在 2002 年，瑞士信贷第一波士顿公司（Credit Suisse First Boston）就因此被罚款一亿元美金。此外，由于高需求而带来的更多交易中，承销商的收益也受到了激励，由此承销商也便有了动力对新发行股票价格抑价。总体而言，在 IPO 定价的许多不同方面，委托代理问题依旧存在着。

（2）信息披露理论（Information Revelation Theory）：信息披露理论是以知情投资者披露信息的方式为基础的。在这些理论中，一些投资者比发行人和其他投资者对于某些信息知情更多，而 IPO 抑价是以知情投资者披露他们信息的这种方式来解释的。投资银行在设定发行价格之前，会设法获得知情投资者的信息。然而，知情投资者是没有动机来披露他的信息的，因为这将导致 IPO 投资过程中更高的发行价格和更低的利润。因此，他会有更多的动机通过提供误导性信息来破坏报价。所以，Eckbo（2008）指出承销商试图引导投资者如实披露他们的信息，从而达到他们的最优利益。

在 20 世纪 90 年代，信息披露理论就已经形成。包括 Benveniste 和 Spindt（1989）、Benveniste 和 Wilhelm（1990）以及 Spatt 和 Srivastava（1991）在内的几位著名学者早已表明，询价制是一种诱导信息披露的机制。在收集投资者利益信息之后，承销商可以向低出价的投资者分配少量股票，同时向高出价的投资者分配多数股票。因此，试图给出误导性低申报价的投资者将会被排除在外，而那些出价高且因此披露有利信息的投资者得到了大量的配售股份。当承销商压低股价时，投资者将会被诱导说出实话，因为他们也希望参与到定价偏低的 IPO 投资之中来。

2.1.1.2 基于发行人与承销商之间的信息对称

（1）避免诉讼假说（Lawsuit Avoidance Explanation）：目前，可以解释 IPO 抑价现象的制度原因非常少。Tinic（1988）的观点强调了法律保险的重要性，因为没有这一层保护从而才导致了美国的高抑价现象。由于民营企业不会对外公开它们的信息，因此若外部投资者想要来评估一个即将发行的新股，那么重要信息的来源就变得非常有局限。所以，对此感兴趣的投资者只能根据承销商提供的信息来对公司进行研究。此外，公司和投行都会对法律规定的信息负有相应责任。这一信息的披露在上市时可能是准确的，但却不能保证其长期的准确性，也不能解释整个 IPO 过程中公司管理层和财务状况的波动。因此，双方都有可能处在诉讼或被诉讼的风险情况之下，尽管如此，他们的意图也是这样的。首次公开发行股票抑价便成为一种保护承销商和发行人避免其受到潜在法律诉讼损害的好办法。

然而，Drake 和 Vetsuypens（1993）对美国 93 家公司做了研究，其结果并不能支持 Tinic 的避免诉讼假说。他们的研究结果表明，被起诉的公司与没有被起诉的同类公司的抑价水平是相同的。直到 2002 年，Lowry 和 Shu 指出 Drake 和 Vetsuypens 的模型是有内生性偏误的，因为他们忽略了抑价和诉讼风险之间的内在联系。同时，Lowry 和 Shu 通过实证研究得出了两个支持结论，一个是保险影响，即诉讼风险高的 IPO 公司为了避免法律诉讼应该会有更高的抑价水平。另一个是威慑影响，即高抑价能减少被诉讼的可能性和预期的法律责任成本。Turtle 和 Walker（2004）运用了 Lowry 和 Shu 的相同框架的模型检验了 1996～2000 年间在美国上市的 1669 个公司的数据，但他们没有发现能支持避免诉讼假说的证据。不过，他们也并没有反对避免诉讼假说是作为 IPO 抑价潜在的一种解释说明，只是随着时间的推进在美国市场而演变得并不太占主导性了。

（2）商誉理论（Underwriter Reputation Hypothesis）：Booth 和 Smith（1986）建立了一种模型，这种模型是基于内部股东和外部潜在投资者之间信息不对称的假设之上的。他们建议发行人可以被视为有效地“租赁”一个承销商的品牌名称，以证明发行价格反映了内部信息的可用性。Carter 和 Manaster（1990）的研究与此相一致，他们表明发行人所选择的承销商的声誉与 IPO 的短期抑价是呈负相关的。承销商能保证发行价格公平性的这一论证是基于认知假设的基础上的。这一理论出自关于为保证产品质量的声誉资本的使用的研究文献。根据这一假设，拥有声誉资本的第三方，如承销商、律师、审计师和风险投资家，保证了发行人在信息不对称的环境下的公司质量。一般来说，目前的文献得出的结论是，承销商、审计师、律师和风险投资家无论是单独地还是集体地都保证了发行价格的公平性。因此，当有声誉高的第三方作为保证时，就更能取得投资者对公司质量的认可。并且，这种以商誉作为担保的方式是长期性的。因为第三方会为了保护自己的商誉以维护市场份额，所以他们会尽量以抑价发行方式来维护自己的商誉。

2.1.1.3 基于发行人与投资者之间的信息不对称——信号理论（Signaling Theory）

在这个理论中，抑价作为传达公司质量的一种信号。它是基于这样一种假设，即发行方对其自身的价值的信息比外部投资者更具有优势。发行人首先允许对股票进行抑价，为了使股票升值成为一个良好的质量信号。尽管最初这对于发行人而言代价高昂，但这种信号方式成功的话会使得发行人在第二次增发阶段以更高价格卖出更多的股票（Eckbo，2008）。根据 Ibbotson（1975）的研究，IPO 发行抑价是为了“给投资者尝甜头（leave a good taste）”。并且 Allen 和 Faulhaber（1989）以及 Welch（1989）的研究结果都进一步支持了这一理论。Ritter 和 Welch（2002）指出如果发行人比投资者获得的信息更多，那么投资者就会担心出现“柠檬问题”。“柠檬问题”指的是买卖双方之间信息不对称的问题。发行人知道其真实价值，而潜在的投资者则并不具备这方面的知识。只有质量低于平均水平的发行方愿意以平均价格出售其股票。因此，投资者考虑到他们自身所要承受的风险而并不愿意去支付高于平均水平的价格。发行人希望通过设定低于平均水平的价格来反映发行新股的质量。因此，高质量的公司通过投钱来显示它们的质量水平（leaving money on the table）。如果投资者比发行人知道得多，那么发行人就会面临股票配售的问题，即存在一种未知需求的情况。发行人就不会意识到市场愿意承受的价格。

然而，Eckbo（2008）对信号理论提出了质疑。他认为如果有更简单、更廉价的方式来传递出高质量公司的信号，那么发行人就不会再用抑价这种方式了。也就是说，通过与著名的承销商、审计或风险投资公司合作，或者聘请高声誉的董事会，那么高质量的股票可以以更低的成本向大众发出信号。因此，企业是否会选择通过抑价这种代价高昂的方式向大众传递信号就是值得怀疑的了，尤其是在投资者可能不会接受这种诱惑的情况下。

2.1.1.4 基于投资者内部的信息不对称——赢家诅咒理论（The Winner's Curse）

“赢家的诅咒”（Rock，1986）应该是这一领域最著名的关于信息不对称的模型。它是基于 IPO 投资者会比其他投资者能获得更多有效信息的理念而成立的。也就是说，完全掌握信息的投资者只会为已知的定价过低的新股买单，而避免价格过高的新股。另一方面，其他完全不了解相关信息的投资者则无法将这两种新股区分开来，而对两者情况进行平等的交易。由此，这些有吸引力的股票将被大量申购，每个投资者将被分配很少的股份。然而，在这些定价过高的新股中，只有不知情投资者主动进行交易报价，并且他们因此持股更多。“赢家诅咒”的出现是因为那些无信息投资者总是会因为期望高的股票的过度申购而失去这些新股，从而只能去申购一些相对不被看好的股票。换言之，如果不知情投资者对所有发行股票都进行了投标，期望值低的且定价过高的股票中会被轻松交易，但是对于定价偏低的新股而言，由于知情投资者的高需求交易使得不知情投资者将会得到非常少的定价偏低的这类新股。此时，如果新股的平均定价是合理的，不知情的投资者会因此对其手上的新股产生负面的预期值。由此，他们将不会参与到 IPO 市场上，除非当新发行股票价格低于平均值时。

Rock（1986）假设市场上的知情投资者是极少数的并且他们自己的需求不足。这个时候市场就会需要更多的不知情投资者参与进来。由此，才使得新股的定价通常会低于平均水平，以避免不知情投资者的负面预期，从而才能保证他们的参与度（Eckbo，2008）。Beatty 和 Ritter（1986）利用 Rock 的模型进一步发现，由于发行人为了确保不知情的投资者的参与度而需要集体压低新股发行价格，但是单独来看，压低其股票价格实际上代价是非常高的。因此，定价偏低的动机必须是重复的参与者，即投资银行来承销新股发行。承销商则会强行抑价以此避免在未来失去佣金。而这种抑价现象还能保护不知情投资者不再对实际有吸引力而受追捧的股票有负面的期望。

2.1.2 国内研究综述

我国关于 IPO 短期抑价的文献大部分还处于起步阶段。对于理论方面的研究，还停留在将西方的理论分析进行修改和调试而放置于我国发展制度下的程度。绝大多数的国内文献还是以实证分析为主，以中国特色社会主义的经济发展制度机制为参考背景，寻找 IPO 抑价在资本市场发展的特殊影响因素。因此大部分我国关于 IPO 短期抑价的研究文献可以分成两部分来进行综述：首先，检验理论分析的适用性；其次，检验我国制度环境的影响因素。

2.1.2.1 检验理论分析的适用性

基于 Rock“赢家诅咒”理论的检验。对于“赢家诅咒”的理论模型，早在我国 20 世纪 90 年代就已经出现这类的研究文献，大部分研究认为“赢家诅咒”的理论并不适用于中国市场（王晋斌，1997；Koh 和 Walter，1989）。然而，随着经济的不断发展，从近几年的研究来看，杜俊涛等（2004）则发现，在中国的一级市场上的投资者并不存在这种超额收益，因此认为 Rock 的理论模型在中国资本市场是合理的。Ting 和 Tse（2006）用 1995～1998 年的中国上市公司数据，研究了“赢家诅咒”理论、先验不确定性假说和信号理论这三个西方理论在中国资本市场上对 IPO 短期抑价现象解释的适用性。他们发现，“赢家诅咒”理论能高度契合 IPO 抑价现象在中国市场上的解释说明，并且认为这是中国 IPO 高抑价现象的主要原因。而信号理论在这段时间无法得到数据实证方面的支持解释。

基于信号理论的检验。Su 和 Fleisher（1999）研究了中国市场上的首次公开发行，他们利用从 1987～1995 年之间的 308 个上市公司数据进行研究。并由此发现，在信息不对称的情况下，横截面模式的抑价可以解释为在信息不对称下的分离均衡，其中抑价可以被看作一种策略，即企业向投资者发出其内在价值的一种信号模式。与此同时，他们还验证了信号理论在中国 IPO 市场的适用性，其结果表示，信号理论能完美地解释中国 IPO 市场上的高抑价现象。Su（2003）以 1994～1999 年中国市场上 587 个 IPO 公司为研究样本实证研究发现，在中国市场上最能解释 IPO 高抑价现象的理论是“赢家诅咒”和信号理论。其中他认为高抑价现象是向市场参与者们传递公司质量的最好信号。除此之外，Chi 和 Padgett（2006）利用中国市场上 1996～2000 年之间的上市公司为数据样本，发现这段时间的平均 IPO 抑价率高达 129.16%。并且，他们发现，配额制对当时 IPO 的高需求是导致超高初始回报的一个重要影响因素。此外，他们还认为，信息不对称假说可以解释中国市场的 IPO 抑价现象，但是信号理论在中国 IPO 市场则是无法成立的。

综上所述，目前关于中国 IPO 市场上高抑价现象的解释和研究文献较多，其应用的方法不少是有相似之处的。但是大部分学者会针对不同交易市场、不同上市时间和不同发行规模等对数据样本进行切割划分来全面研究。根据目前的研究文献而言，需要注意的是，西方主流的关于 IPO 抑价的理论实际上均是建立在有效的二级市场的假设上的，然而，大多数国内的研究文献中却并没有充足的证据表明我国的二级市场是有效的（周孝华和姜婷，2007）。因此，考虑到最初始的假设前提条件的存在性，才更能说明理论在我国 IPO 市场的适用性。

2.1.2.2 检验我国制度环境的影响因素

虽然 IPO 短期抑价现象早已成为全球问题。尤其是一个新兴发展中国家的资本市场上的监管力度相较于发达国家而言是较脆弱和不成熟的。中国作为新兴的创新型发展中大国，其 IPO 市场仍然存在着许多制度上的问题。纵观中国近十年以来的经济发展，尤其是其资本市场的监管制度的发展历程，可以发现，其制度的更替和改革是相当频繁的。每一个监管制度都对应着一段时期市场的不同的发展历史，其资本市场的不同反应能给国内学者们带来不同的参考数据和样本，从而使得我国制度环境更加完善。因此，对于一个具有强监管力度的市场而言，制度的改革和影响中其 IPO 市场的制度因素是不容忽视的。

早期的部分学者就已就此做出了自己的见解，王军波和邓述慧（2000）认为严格的市盈率管制制度是导致了我国 IPO 定价过低，从而使得 IPO 市场首日收益率超高的主要因素。与他们的研究结果相同的还有杜莘等（2001）的研究，他们同样认为我国 IPO 高抑价现象的根源来自于发行价格定价过低的现象。杨丹（2002）认为，政府管制形成了中国特有的上市公司“壳资源”价值，发行公司在一级市场通过寻租取得“壳资源”，在二级市场上变现，这是引起一、二级市场高价差形成的基本因素。刘力和汪汀汀（2003）发现中国股市特殊的二元股权结构导致了流通股与非流通股在内价值上的根本性差异，其表现为流通股比非流通股多出一项流通权价值。而在新股定价之时，主管机构在一个很长的时期内对新股发行市盈率进行了管制，其目的是以股票未来收益的现值作为定价标的，从而派出了流通权的价值因素。根据此市盈率进行定价的新股发行价格一定不会过高，并且低于上市后的实际价值。然而在 2006 年 IPO 实行全流通发行后，IPO 市场上的高抑价现象依旧存在，且并没有得到缓解。杜俊涛、周孝华和杨秀苔（2003）应用信息不对称理论且考虑我国国有控股公司的治理结构特征，结合控制租金概念，得出了优化了的发行价公式。同时，他们发现 IPO 抑价现象是一种确保国有控股公司能顺利上市和国有股东在约束条件下获得效用最大化的均衡状态。最后他们认为内部人对控制租金的攫取是构成我国 IPO 高抑价现象的主要因素之一。随后，刘煜辉和熊鹏（2005）利用 1995～2003 年之间沪深 A 股市场上的 908 只上市公司数据为研究样本发现，由于缺乏立论的基础，因此无法从西方经典的 IPO 抑价理论文献上对中国市场 IPO 高抑价现象进行解说。然而，从中国的政府管制和资本市场运行机制的角度来看，中国市场的“股权分置”和“政府管制”制度都是引发我国 IPO 首日超额收益率的主要原因。杨记军和赵昌文（2006）、王海峰等（2006）对 2005 年询价发行的 IPO 样本进行研究，结果表示，我国询价制显著降低了 IPO 抑价程度。

综上所述，解释我国 IPO 高抑价现象的文献目前看来是较多的，且从各个不同角度来进行诠释。除了上述的两个方面的研究文献，国内关于 IPO 短期抑价方面的文献还有一部分是从行为金融的角度来切入的。因此，可以看出，国内学者关于这一 IPO 异象的看法不一，并且试图从不同角度来深入对我国特有的资本市场发展来寻找出适当的解释说明，从而来完善我国资本市场上的监管机制和市场机制。

2.2 IPO 长期弱势研究综述

除了 IPO 短期抑价这一在资本市场上的异象之外，第二大主要的 IPO 异象就是 IPO 长期弱势现象。新上市股票的长期表现不太好，也暗示新股在 IPO 之后的 10 年时间的市场表现往往不如早已上市的同行的表现。长期市场表现弱势是关于 IPO 三大异象的研究中讨论最少的领域，在这一研究课题的研究学者们至今也没有完全一致的意见。

2.2.1 国外研究综述

最初的关于 IPO 市场的研究文献主要集中在 IPO 抑价现象方面。然而，近几年来看，IPO 长期弱势这一 IPO 异象逐渐被大众所关注。并且，关于 IPO 长期弱势的研究表明，从考虑长期回报的因素和投资者行为的角度切入研究，就会发现这之间存在一些非常有争议的结论。首先 IPO 长期弱势的表现是 IPO 短期抑价的延续，新股在上市时，股票价格短期呈现上涨趋势，然而随着时间的推移，新股的内在价值不断被市场所消化和认识，泡沫逐渐消失，使新股逐步回归到自己的本质价值。

2.2.1.1 从承销商角度

从承销商的角度解释这一异象的主要是价格支持假说（Price Support）。

价格支持理论指的是承销商对发行价格的支持可能是因为对 IPO 长期表现不太看好。然而，由于立法减少了承销商披露次信息的义务，因此想要得到此类的数据就变得非常有限。通过研究初始收益的分布问题，Ruud（1993）找到了初始价格支持的证据。Ruud 的研究结果在 Ellis 等（2000）的一项研究中得到了进一步的支持，他们用第一个交易日承销商市场活动的数据证明了这一假说，并且发现这种现象在小型 IPO 公司中表现尤其强烈。他们同时指出这种支持活动会一直持续到 IPO 之后的 60 个交易日。

如果第一天的交易价格被支持的承销商人为地抬高，那么它们就会成为长期业绩评估的错误起点标准。一旦这种支持消失，价格就会回落到真正的市场均衡水平。从第一个交易日开始就错误地引导了之后的负回报率。获得最多支持的股票将会更快进入长期表现不佳的现象，因为股票价格与股票的真实价值相比，其真实价值实际上是更低的。如果许多 IPO 都接受这样的价格支持，那么可想而知，由此产生的估计偏差会大到足以导致长期市场表现不佳的一个虚假现象（Jenkinson 等，2001）。因此，承销商支持这种表现不佳的股票似乎就变得非常不合理。Ellis 等（2000）认为，这类交易背后的原因是承销商对于他们在 IPO 市场上的未来声誉是非常关心的。

2.2.1.2 从投资者角度

（1）异质预期假说（Heterogeneous Expectation）：Miller（1977）抛弃了市场同质预期的假设，而探讨对资产定价的影响。通过引入现实主义的元素到 Miller 的市场模型中就可以解释初始抑价和长期弱势的现象。在这个模型中，考虑在完全理性的情况下，投资者可以对公司未来的预期有不同的看法。不像有效性市场理论，异质预期假说模型说明了投资者可以对公司有多样化的预期假设，而那些对未来看好的乐观的投资者会成为买方。也就是市场出清价会由足够乐观的边际投资者（买方）决定。随着新信息的到来，边际投资者将重新评估他们的预期，随之股价将会下跌。由于异质性被认为是最重要的，新信息只需要让一些过度乐观的投资者调整他们对股价的下跌预期，尽管他们对公司本身价值仍然是心知肚明的。将 Miller 的模型应用于长期表现显示，长期表现与意见分歧的初始程度呈负相关，这意味着对最初的真实价值的不确定性更大会导致长期的市场表现更差。

Jenkinson 等（2001）用实证研究检验了 Miller 的模型，他们通过用公开买卖价差来衡量初始不确定性，发现长期市场表现与意见分歧是呈负相关的。他们的结果显示与 Miller 模型里面的预期假设是完美相符的。

（2）狂热投资假说（Fads）：在 Ritter（1991）著名的研究中，他提到，有些时期，投资者往往对公司的盈利潜力过于乐观，他称这种现象为"狂热投资"。Aggarwal 和 Rivoli（1990）对这一现象进行了进一步的研究，并认为，在交易最初投资者会在非理性上过于乐观。根据 Ritter 的研究，公司能够区分投资者对其他公司的乐观态度，并在市场给予它们更有利的估值时选择上市，即抓住机会之窗（Windows of Opportunity）。Rajan 和 Servaes（1997）也进行了类似的研究观察，他们研究了 IPO 的市场状况，并表明在同一行业的其他公司的市盈率很高时，会有更多的公司选择上市。这些发现背后的逻辑其实并不难理解，因为股东们希望获得尽可能高的补偿。当短暂的过度乐观情绪随着时间消退时，新上市的公司无法达到预期，由此长期的市场表现业绩也逐渐变得不佳。在 Rajan 和 Servaes 的研究中，当市场对未来前景过于乐观时，公司的长期表现会尤其糟糕，这加强了 Ritter 关于公司能捕捉到"机会之窗"的理论。在随后的研究中，Rajan 和 Servaes（1997）还对 IPO 的分析师的报道进行了分析。他们发现，分析师通常对长期市场表现的关注比短期的更乐观，而那些最初被预测会有最高增长的公司在后市的表现都是最差的。事实上，在一定的时期，市场似乎对 IPO 的前景过于乐观，这可能对 IPO 长期市场表现不佳做出解释。

2.2.1.3 从发行人角度

（1）机会之窗假说（Windows of Opportunity）：在“狂热投资”的小节中就已提到过“机会之窗”假说。“机会之窗”假说是由 Ritter（1991）提出的，并被认为是 Aggarwal 和 Rivoli（1990）提出的“狂热投资”假说的进一步延伸。这一假设表明，一旦投资者对公司的价值过于乐观，公司的股价就会高于其内在的合理价值。发行人可以借此机会以更高的价格卖出股票，从而抓住“机会之窗”。“机会之窗”假说预测表示，在股票发行高峰期（即热销市场），新上市的公司比在其他阶段上市的公司更有可能被高估。Ritter（1991）、Ritter 和 Loughran（1995）都指出选择利用“机会之窗”的优势上市的公司将会在 IPO 之后的长期业绩上表现不佳。然而，Kang 等（1999）对此假设提出了不同的看法，他们用日本 IPO 市场的数据得出了之前研究关于股票市场的临时高估股价的不同结论。在他们的分析中，他们用市价与账面值比率作为衡量公司是否被高估价值的指标，并且发现即使控制了市价与账面值比率之后仍然存在 IPO 长期表现弱势的现象。

（2）盈余管理假说（Earning Management）：盈余管理假说也被认为是一种长期市场表现的行为理论。通常情况下，公司会按以下的目的来管理收益：在 IPO 之前粉饰其财务报表，增加管理人员的薪酬和工作保障，避免违反借贷合同，降低监管成本或加强监管效益。Beneish（2002）认为，盈余管理的大部分证据都取决于公司的业绩，这表明，当公司业绩表现异常好或异常糟糕时，盈余管理就很有可能会出现。然而，一些 IPO 公司利用财务报表来吸引投资者，这种“粉饰门面（window - dressing）”的做法从长期来看其实并没有用，因为一旦投资者知道了公司的真实价值，股价就会下跌（Teoh 等，1998）。

2.2.2 国内研究综述

针对 IPO 长期弱势方面的文献，目前国内还相对较少，且还没有形成自己的风格。同时，大部分文献没有统一的结论，学者们对此问题的看法各有不一。因此，对中国 IPO 市场是否真正存在 IPO 长期市场表现弱势的争论尚无结论。对此，Hui 和 Mok（1998）利用 1990～1993 年之间的 101 个 A 股市场和 22 个 B 股市场上的上市公司数据进行研究，他们的结果表示，公司 IPO 后的市场表现不佳现象在中国市场上并不是非常显著，在控制了市场的波动、不频繁交易以及新股发行的高风险之后，这种超额回报率会一直持续很长一段时间，而且这并不是一个投机的猜想，而是一种真实的现象，即长期来看，大量的超额回报都积累了起来。与 Hui 和 Mok 的研究结果相似的还包括王美今和张松（2000）、刘力和李文德（2001）以及沈艺峰和陈雪颖（2002）对中国 IPO 市场的长期回报率的研究。

除此之外，Chi 和 Padgett（2005）利用 409 个 1996～1997 年的上市公司的数据研究发现，在公司上市后的 3 年里，其平均市场调整后的累计回报率和买入持有率分别为 10.3% 和 10.7%，并且这两者都在 5% 的显著水平上呈正相关。随后，他们利用截面分析来解释中国市场上的 IPO 长期表现，发现那些拥有较低的政府所有权、规模较小、高科技以及初始回报较低的公司在 IPO 之后的长期表现会更好。然而，Kao 等（2009）以 1996～1999 年之间的中国 IPO 市场上的数据研究发现，上市公司在上市后的盈利能力更大，然而其股票表现也较差。此外，上市前乐观预测的 IPO 公司的上市后股票表现更差，并且定价规则的变化也可能促使 IPO 公司抬高发行价格，并对上市后的表现产生负面影响，且在我国采用了询价制之后，IPO 市场的长期表现不佳。Su 和 Kenbata（2011）从承销商声誉角度来研究 IPO 长期表现，发现当公司 IPO 由更有声望的承销商管理时，其长期的市场表现弱势的程度会显著降低。Shen 等（2014）通过对 1998～2003 年发行的 506 个中国 IPO 公司样本进行实证分析，他们的研究结果表明，股票的长期的市场表现与初始回报之间呈负向相关关系。他们用盈余管理理论来解说，发现盈余管理似乎产生了一种模式，即 IPO 后的初始价格往往会因二级市场的过度反应而膨胀，而从长期来看又会逐渐调整到其基本水平上。

综上所述，中国国内关于 IPO 长期市场表现的研究文献较为薄弱。首先，研究文献较少；其次，许多研究的度量方法存在争议性；最后，从理论的基础角度来解释说明的研究较少，即没有理论的支持。同时，关于 IPO 后市场的表现情况，我国国内的研究文献屈指可数。因此，可以看出，国内对于 IPO 长期市场弱势表现的研究还有待提升，并且需要进一步强化整个 IPO 市场机制的发展框架。

2.3 IPO 与产品市场相关性研究综述

随着公司的成长，在经历了天使投资、风险投资（VC）、私募融资（PE）以及首次公开募股（IPO）之后，公司的市场表现也随之改变。并且公司在 IPO 市场上的表现也在经历了 IPO 短期抑价和 IPO 长期弱势之后逐渐回归其公司内部真实价值。在现有的研究文献中，学者在 IPO 异象方面的研究较多，然而随着近几年学术研究的推进，越来越多的学者开始关注公司在经历上市之后，由 IPO 市场逐渐向 IPO 后产品市场转型的过程。

学术界已经出现很多关于公司金融理论与产业自主理论相结合的研究文献，其具体代表之一是融资决策与产品市场竞争方面的讨论。在公司的成长历程中，上市（IPO）是不可忽视的重要融资行为之一。这类研究与传统公司金融方面的研究文献不同，大多数都是结合 IPO 市场和产品市场的特性而整体融合进行研究的。然而，在关于 IPO 与产品市场的这类文献中，又分为两个方向，

2.3.1 深袋理论（The Deep Pocket Theory）

深袋理论最早由 Telser（1966）提出，主要是研究融资决策与产品市场之间的关系。他认为一个“深袋”公司是指一个拥有巨大资金来源且能

够从事掠夺性产品市场策略的公司，并且能成功地将更多财务脆弱的竞争对手赶出市场或阻止它们进入市场。“深袋”的论点与其他的捕食模型密切相关，这些模型最早可以追溯到 McGee（1958），紧接着由 Kreps 和 Wilson（1982）、Milgrom 和 Roberts（1982）以及 Saloner（1987）延伸展开。

在 Telser（1966）的研究中，一个财务上受到限制的市场进入者很容易受到市场在位者的驱使从而使得其公司破产。具有“深袋”的在位者，能够维持亏损，直到它成功地消除竞争对手，即市场进入者，当然这都是在假定进入者通常拥有比在位者更脆弱的金融结构的前提下进行的。在进入市场之后，在位者会从事代价高昂的掠夺性活动，以使得进入者的财务状况被日渐消耗。然而，正如 Telser（1966）自己所指出的那样，在金融市场完善的时候，这种掠夺行为就不会发生，因为只要市场是有利可图的，进入者就可以一直获得融资。随后 Kovenock 和 Philips（1997）发现，资金雄厚的竞争者通常会主动以价格战或营销战来抢夺其在市场的份额。且企业的资金越雄厚，其在产品市场的竞争能力就越强。

2.3.2 IPO 后产品市场表现

由公司的自身发展周期可知，IPO 作为一种典型的融资方式，其不仅能使公司渡过资金的瓶颈期，还能使公司通过上市而获得长期的资金来源，并以此扩充其在资本市场上的实力，即使在行业发展不顺时，也不受其影响而保持着其在产品市场上的竞争力。从我国的 IPO 市场上来看，蒋欣、李全（2010）和方军雄、方芳（2010）指出我国 IPO 市场还一直存在着融资超募这一特殊现象。因此，根据“深袋理论”，IPO 之后的企业是拥有充裕的资金支持的，这样会更利于其在 IPO 后产品市场上对其竞争对手采取一系列的市场份额的掠夺策略。

在 1999 年，Maksimovic 和 Pichler 便设置了一项研究，并发现公司的 IPO 能向产品市场的竞争对手传达有价值的信息。公司的上市决策会潜在地给公司在产品市场带来资本的增值。随后，他们在 2001 年的研究中发现，IPO 发行价与公司在之后的产品市场的竞争力呈正相关关系，也就是说，公司 IPO 的发行价格越高，能使得公司价值增加，并且相应地提高其产品市场中顾客、供应商、银行以及其他投资者对公司的信任。值得一提的是，Chemmanur 等随之在 IPO 和产品市场竞争的关系这一研究领域做出了大部分贡献。Chemmanur 和 Fulghieri（1999）以公司应该在什么时机选择上市而并非私募融资这一问题展开了讨论。他们将公司在一个信息不对称的环境中对 IPO 的决策进行了建模，这个模型最后表明大规模且拥有高风险现金流的资本密集型公司，以及那些以低评估（信息生产）和低成本（程度小的信息不对称）为特征的行业，更有可能上市。随后，Chemmanur 等（2010）对上市后公司运营表现不佳的情况提出了新的观点。尽管在此之前，包括 Jain 和 Kini（1994）以及 Mikkelson 等（1997）在内的学者们早已记录了上市公司在上市后的业绩表现不达标的情况，但是 Chemmanur 等的实证研究结果从产品市场的特性角度（市场份额、竞争程度、资本密集度、现金流风险）对这类文献进行了全新的解释。由于导致上市公司运营业绩不佳的原因一直备受争议。对于这种表现不佳的情况，人们提出了几种不同的解释，其中就包括经营业绩不好是由上市公司的盈余管理或“伪造账目”造成的。在 Chemmanur 等的研究中，他们发现公司要素生产率和销售增长值在 IPO 时到达最高点，其后开始下降，即呈现一个倒“U”形状。然而，销售、资本支出、总劳动成本、材料费用以及销售和管理费用均在 IPO 之前和之后都呈现出一致性的增长趋势。

除此之外，Stoughton 等（2001）也结合了 IPO 市场和产品市场对 IPO 的影响进行了理论分析，并分析了新上市股票在其后续产品市场上的表现，以此来解释其公司产品的质量及其在行业中的地位。他们从公司金融文献中大量提取信息并分析最近的高科技公司的 IPO 活动，提出了一种用于预测公司发行股票的概率以及关于新股发行抑价的分析模型。在他们的研究结果中，他们发现大部分公司希望通过 IPO 上市获得自身产品质量的认证，且 IPO 也有助于高质量公司在产品市场上获得更大的竞争力。Chod 和 Lyandres（2011）通过对比上市公司和非上市公司的市场策略发现，IPO 有助于公司在资本市场上分散异质风险，因此上市公司会采取更加冒险和激进的市场策略来提高其在产品市场的竞争地位。Anthony D. Wilbon (2003) 通过研究美国市场 1992 年以后的 168 家高新科技 IPO 公司的长期和短期的市场表现，发现处于开拓竞争地位的企业，其 IPO 的后续市场表现更好。

2.4 企业创新与 IPO 市场相关性研究综述

关于公司创新能力对 IPO 市场的相关性的研究，大多数文献是在 21 世纪根据前人的研究成果发展而来的。在这一章节首先将对创新在 IPO 市场上的影响分为三部分来进行综述。首先，探讨企业创新对 IPO 短期抑价现象的研究综述；其次，企业创新在 IPO 长期弱势上的影响的文献综述；最后，整理了创新对 IPO 后产品市场的影响研究文献。

2.4.1 企业创新对 IPO 短期抑价的研究综述

创新作为公司价值的关键驱动力，已经被之前的学者们恰当地定义为研发投资（R&D）和专利，这导致了信息敏感资产的产生，使它们与其他有形资产有所不同。因此，要论充分解释企业创新资本与 IPO 抑价关系的最基本的理论，便属 Rock（1986）提出的信息不对称理论了。然而，从目前有关于创新资本的研究文献中得知，有几种描述创新资本的衡量方法，其中最具代表性的就是之前所提到的研发投资（R&D）和专利这两种描述企业创新的资本。Heeley 等（2007）用美国 IPO 市场上的 1413 个上市公司为样本，来检验创新能力对 IPO 抑价的相关关系，并且将专利与创新价值之间的相关关系分为透明与不透明两类来进行验证，即根据不同行业间的专利透明度来检验专利是否能降低企业的 IPO 抑价程度。他们认为创新资本和 IPO 市场活动之间存在着严重的信息不对称，这是由于公司创新过程中的内在不确定性和创新对公司未来价值的不明确影响所导致的。然而，在他们的研究中并未将企业创新分类来讨论，从信息传输和获得的不同途径来考虑，企业的研发投入和专利数并不能归纳为同种信息维度，一种是创新投入，另一种则是创新成果，它们对于企业的创新信息的传递方式是不一样的，在市场上的效果也应存在不同的效应。因此，将创新资本分开考虑是关键所在，研发投资（R&D）衡量的是创新的资源投入，而专利则是创新的产出衡量标准（Vismara，2015）。Chen 和 Xu（2015）则根据这种创新的衡量方式，用中国 IPO 市场上在 2002 ~ 2012 年上市的生物医药产业块的公司为主要样本来研究创新资本与 IPO 市场的关系，并且由此指出，这两种通过不同信息维度，来传达创新的资本在 IPO 短期抑价现象中扮演着截然不同的角色。然而他们的研究中，并没有考虑到整个中国 A 股市场的上市公司数据，以生物医药板块单独进行分析，其得到的结果是否能适用于整个 A 股市场是具有争议性的。除此之外，徐欣、夏芸和李春涛（2016）根据我国创业市场的特殊环境，对 2009 ~ 2012 年间在创业板上市的 355 个公司进行了检验，他们的研究结果显示，企业的自主研发能力（R&D）和创新能力（专利数）对我国 IPO 市场上 IPO 折价现象有非常显著的影响，并且自主研发和专利之间呈现出对 IPO 折价现象完全不一样的诠释。然而，以创业板上市的企业为主要参考对象得到的这一研究问题的分析结果，并不能完全地反映出我国整个 A 股市场的实际情况。与此同时，他们的研究区间主要涵盖 2009 ~ 2012 年的创业板上市公司，我国在 2013 年经历了 15 个月的 IPO 暂停期之后，新股首日的抑价率就已被限定，由此，陈旧的数据并不能反映出我国 A 股市场 IPO 短期表现的实际情况。本书在这些文献的研究基础之上，总结其研究的不足之处，结合我国资本市场实际情况，进一步深化了企业创新对 IPO 短期市场表现的影响研究。

2.4.2 企业创新对 IPO 长期弱势的研究综述

在近几年，学者们逐渐发现，技术创新是公司上市的主要原因之一。创新不仅影响了公司在 IPO 市场的短期表现，同时也影响了公司在 IPO 后资本市场的价值。首先，技术创新可能会导致更高的总市场回报（Hsu，2009），并引发股市“泡沫”（Pástor 等，2009），因此，公司为了获得有利的市场环境而选择在资本市场上市。其次，创新可能表明产品市场存在更大的不确定性，因此企业会以 IPO 的形式来获取其在产品市场的竞争优势（Maksimovic 和 Pichler，2001；Hsu 等，2010；Chod 和 Lyandres ，2011）。最后，创新可能会带来更好的投资机会（Chemmanur 和 Fulghieri，1999），所以公司会选择上市为未来的投资提供充裕的资金（Lowry，2003）。

关于 IPO 长期弱势的文献中，Ritter（1991）、Loughran 和 Ritter（1995）的研究中提出，长期来看，IPO 的市场表现是非常不稳定的。在随后的文献中，Ritter 和 Welch（2002）用了 1980～2001 年的 6249 个美国 IPO 公司数据，发现新股首次发行 3 年之后，买入和持有回报率（BHR）是 22.6%，但是在经过市场指数调整之后的买入和持有异常收益率（BHAR）是 -23.4%。由此，一些关于 IPO 长期弱势的金融理论也被开发出来，以此来说明 IPO 长期市场表现是不稳定的。例如，本章 2.2 节提到的“机会之窗”和盈余管理假说等。然而，近年来，学者们开始将注意力集中在公司无形资产的研发活动（R&D）对股票市场估值的问题上。Chan 等（2001）和 Eberhart 等（2004）指出，研发可能伴随着更大程度的不确定性和信息不对称性，导致市场低估了研发投资的未来收益和内部利润。因此，企业创新对于企业在资本市场上的长期表现、影响以及作用就变得尤为关键。20 世纪 90 年代，Chaney 等（1991）就证实，新产品或服务可以给公司带来额外的股票回报。Lev 和 Sougiannis（1999）则表明，研发资本和专利对公司的股票回报都有着显著的正面影响。直到近几年，Hirshleifer 等（2013）的研究创建了理论基础模型，表明了创新效率是未来表现的有效预测指标，他们认为具有更高创新效率的公司往往应该会有更好的未来市场价值和股票回报。Cao 等（2015）则利用 1981～2006 年间美国市场的上市公司为数据实证研究发现，由于具有较强创新能力的公司相对于没有创新的公司而言具有相对优势，它们的长期表现也更具竞争力，并且这一优势反映在它们的长期回报上。除此之外，张学勇和张叶青（2016）根据中国 A 股市场 2003～2012 年间的数据考察了风险投资、创新能力和公司 IPO 的市场表现三者之间的关系，他们的研究发现公司在 IPO 之前的创新能力越大，公司在 IPO 之后的短期抑价越低，且其 IPO 的长期回报率更高。他们的研究主要以企业专利数作为企业创新能力的衡量指标，然而根据我们之前对不同维度的创新资本的阐述可知，创新成果和创新投入对企业在 IPO 长期的市场表现是否存在着同样的影响也是本书要深入探究的重要研究目的之一。

2.4.3 企业创新对 IPO 后产品市场的研究综述

与股票价格回报相比，在 IPO 后产品市场的业绩反馈这一方面，目前的文献和学术研究还相对较少。一些文献记录了在 IPO 之后的公司运营表现欠佳的情况，而这是一个新兴的全球性问题。Jain 和 Kini（1994）、Coakley（2005）和 Farinos（2007）都分别使用了来自美国、英国和西班牙的上市公司的样本来研究，结果均显示出公司在 IPO 之后的经营表现下降的情况。与此同时，Wang（2005）、Ahmad（2011）和 Wong（2012）也依次发现了中国、马来西亚和香港等新兴经济体有着类似的情况。然而，IPO 后市场表现的下降只是 IPO 公司的表现的一部分。随着经济的持续发展和互联网信息时代的到来，企业经营活动的不确定性日益增加，市场竞争也会日趋激烈。根据之前 2.3 节中提到的"深袋理论"，公司在 IPO 之后的资本与之前相比是相对较雄厚的，且资本方面的优势比同行业的其他竞争对手都要大。

在越来越多的关于探讨公司 IPO 后表现的文献中，产品市场表现逐渐成为话题，而影响产品市场表现的因素也在不断地被挖掘。回顾早期的文献可以发现，早在 1912 年，熊彼特（Schumpeter）的研究中，他就已经强调了产业竞争力中的"创造性破坏"理论，他暗示创新可能会在产业估值上产生更大的（理性或非理性）前景，并导致额外的资金来源和投资。同时，他认为经济发展的驱动力不是均衡理论里的消费者需求变动，而是生产者以全新的方式重新组合现有的生产要素，这就是我们说的创新。"创造性破坏"也就是指创新打破旧均衡从而推进新发展的过程。在他的研究中表明，产品创新、工艺创新、市场创新、供应链创新和生产组织创新这

5 种典型模式是创新的主要的呈现形式。并且他以此重新界定了“企业”和“企业家”的意义。在他看来企业的基本职能是创新，而企业家则是执行创新的人。因此考虑到我国的机制改革，“万众创新”的主题概念是需要激励整个社会的成员来实现的。除此之外，熊彼特还对“发明”和“创新”做出了严格的划分。只有成功实现了的商业化的发明，才能被称为是创新。因此从我国的发展环境上来看，已经在资本市场上商业化的“发明”，其资本和资产才能被称为创新资本。最后，他提出了最重要的一点，金融对创新的支持作用。对于企业家来说，只有创新的想法是远远不足的，必须用创新的行动来支持。因此，他提出创新只有在未来取得了商业成功之后才会有回报，而想要得到市场回报的就必须要通过金融的手段来操作。因此，经济的发展需要通过一个与企业家创新相配对的金融体系才能成功推进。而我国作为一个新兴的创新型大国，如何通过推进金融体系的改革来配合创新发展战略将是重大课题之一。

近几年，西方关于这方面的文献也逐渐涌现，Chemmanur 等（2010）发现总因素生产率（TPF）会在企业 IPO 之时达到最高点，并且表示在这类企业 IPO 之后其销售值和资产支出等都会呈现出上涨趋势。这与 Clementi（2002）的研究结果相符，在他的研究模型中预测公司大约在 IPO 前后的销售和资本支出的财务业绩将会增加。与此同时，Spiegel 和 Tookes（2009）的研究模型预测，公司将首先为具有最大创收能力的项目融资，然后只有在保存了适度的创新能力时才会考虑进入 IPO 市场，这也意味着公司的生产率会在 IPO 时达到顶峰。在随后的研究中，Hsu（2014）指出，行业层面的专利对公司的股票价值和经营表现、投资甚至是 IPO 之后的生存能力都有积极而显著的影响。大多数现有文献都是对西方发达国家的市场进行研究和分析，很少有文献将企业创新对其在中国 IPO 后产品市场反馈表现做出具体的研究和问题探索。我们根据先前对西方发达国家的研究文献，结合中国新时代社会主义资本市场的新环境，探索企业创新对企业 IPO 后产品市场上的反馈表现及影响，分析企业 IPO 前的创新水平对其在之后的产品市场上的竞争力和竞争地位的作用，以此来扩展这一领域对于中国市场的研究。

2.5 本章小结

本章的主旨是将关于 IPO 市场异象相关的文献以及创新对 IPO 市场表现的文献分别进行研究成果和研究文献的综述总结。其中将这一章分成了四节，2.1 节为关于 IPO 短期抑价的文献综述；2.2 节为 IPO 长期弱势的文献综述；2.3 节为 IPO 与产品市场相关性的文献综述；2.4 节为创新与 IPO 相关性的文献综述。每一节都一环扣一环，逐步引导进入论文的主旨，也为之后论文的分析做了充足的铺垫和研究基础。

首先，梳理了国内外关于 IPO 短期抑价方面的研究文献。对 IPO 短期抑价的相关概念进行了简要的解释和阐述。在国外文献综述部分，将西方经典的相关理论及观点进行了总结和归纳，进一步对西方的相关理论的发现历程做了回顾。其次，以西方经典理论为基础，对我国的 IPO 高抑价现象的文献进行了简要描述和比较，并根据国内文献的特征进行了分类总结，发现我国高抑价的现象源于多重原因，理论分析还有待进一步加强。

其次，通过对西方学者们的理论研究进行分组和归纳，总结其中的主旨和发展趋势，梳理我国关于 IPO 长期市场弱势表现的研究结果，发现针对我国的 IPO 长期弱势表现的理论框架还没有完全形成，大部分学者倾向于通过数据分析和实证检验来阐述我国特有的 IPO 市场机制和严格监管环境下的 IPO 长期弱势表现情况，从中找到完善我国 IPO 市场机制的影响因素。

IPO 与产品市场的相关性研究已在西方学者的研究中形成了自己的框架，虽然国内相关的研究屈指可数，但是通过对我国 IPO 后产品市场的业绩表现和反馈的研究可以更进一步完善我国 IPO 后市场的机制和监管，从而减少资源的流失和强化资本的配置。

创新作为我国近几年来强调次数最多的发展主题，已成为学者们所追崇的热门研究领域。国外对于创新的理论最先来源于熊彼特于 1912 年提出的“创造性破坏”，他在早期的研究中对创新的概念和创新的承载对象做出了全面的解释，由此展开了国内外学者们对创新在资本市场上的重要性的研究旅程。国内关于创新对 IPO 市场的影响研究还处于开拓阶段，极少数能将其与 IPO 市场作为主题研究，因此，这一领域的研究以西方文献为主导而展开，从而强调了创新在 IPO 市场的重要性和决定性作用。

3. 企业创新对 IPO 短期业绩的影响

3.1 引言

创新作为公司内部价值链的一个关键驱动因素已经得到了资本市场研究人员的广泛认可。企业筹集资金投资于研发（R&D）活动，希望能够开发创新产品和服务，进而帮助企业提高其市场绩效。在这个领域的现有研究指出，创新对企业价值有积极的影响（Griliches，1981；Pakes 和 Griliches，1985）。例如，Griliches（1981）利用美国样本公司中的专利数量和 R&D 支出来调查这种资本支出对企业生产率的影响，发现企业投资于创新资本可以在长期收益中获得高达 200% 的回报。目前对于创新对 IPO 市场的影响的研究已经有了一些成果，但尚未发现创新资本在 IPO 定价中的作用。迄今为止的研究表明，企业会在首次公开募股时达到创新活动的顶峰（Bernstein，2015）。且私有化公司甚至通常会在其创新达到突破点之后做出上市决定（Pástor 等，2009）。

现有文献表明，高度发达的金融市场通过利用更多的资本和降低项目评估的成本来帮助刺激创新（Brown 等，2009；Hsu 等，2014）。然而，他们的研究结果表明，解释创新是如何最终影响企业的市场价值是相当困难的。难点在于创新投资产出具有本质上的不确定性，这将导致投资者在对企业的创新项目进行价值评估时存在严重的信息不对称问题。因此，尽管创新资本有可能给市场传递了可靠的信号，但它们在解决市场上 IPO 异象或相关企业上市决议的问题上却并不是很成功。

最近的研究指出，为了能正确评估创新资本和活动，市场投资者应该更多地使用来自不同维度的创新资本的信息（Cohen 等，2013；Hirshleifer 等，2013）。同时，Chen 和 Xu（2015）将创新资本和活动的信息分类为创新投入和创新产出。他们认为，不同的衡量标准中得到的创新信息可能对投资者有不同的影响。首先，与创新产出相比，创新投入有较高的不确定性，创新产出有更多的确定性，更易于应用。此外，这两种创新资本的信息披露的可信度也是不同的。创新投入的信息披露具有高度的自由裁量性，而有关创新产出的信息，例如专利，只有在获得法律文件认可的情况下才更为可信。因此，两个维度的创新信息对 IPO 市场有截然不同的影响。

而且，以前关于在 IPO 市场上创新资本相关的研究大多集中在发达国家和市场，如美国。然而，中国目前虽是全球第二大经济体，却仍然是一个新兴的经济体，其现行的制度和监管环境与大多数发达国家不同。此外，中国已经启动了以建设创新型经济为目标，对创新资本增加金融支持和激励政策的战略。因此，与成熟的金融体系相比，中国等新兴市场的监管环境明显不同，因此研究也更为复杂。这为我们将先前的研究补充扩展到这个新兴市场上提供了进一步的动机。

3.2 背景

如表 3－1 所示，来自不同国家股票市场的研究表明，IPO 抑价是一个全球性的现象。而国家层面的 IPO 抑价概况说明，中国的 IPO 抑价水平在全球范围上都属于极高的。

表 3－1　　1998～2008 年各国首日 IPO 抑价水平

Continent	Country	Number	Mean
EUROPE	Austria	30	6.01%
	Belgium	60	10.11%
	Denmark	25	7.08%
	Finland	42	25.94%

续表

Continent	Country	Number	Mean
EUROPE	France	492	15. 63%
	Germany	362	36. 96%
	Greece	107	59. 02%
	Italy	155	10. 62%
	Netherlands	12	13. 49%
	Norway	60	4. 18%
	Poland	23	50. 97%
	Portugal	8	10. 65%
	Spain	20	7. 95%
	Sweden	42	6. 22%
	Switzerland	43	14. 86%
	United Kingdom	1043	17. 75%
ASIA	China	685	120. 65%
	India	166	40. 73%
	Indonesia	58	39. 89%
	Japan	1256	58. 29%
	Malaysia	307	34. 04%
	Philippines	21	13. 08%
	Singapore	460	26. 37%
	South Korea	515	47. 08%
	Thailand	141	17. 35%
	Turkey	15	8. 51%
NORTH AMERICA	Canada	420	47. 93%
	United States	1792	33. 91%
SOUTH AMERICA	Brazil	45	6. 96%
	Mexico	10	7. 53%
AFRICA	South Africa	7	8. 85%
OCEANIA	Australia	1008	23. 96%
	New Zealand	35	14. 93%
TOTAL	Full Sample	9465	25. 68%

资料来源：CAPITAL IQ 和 WIND 数据库并由作者收集而成。

为了获得更多关于中国 IPO 抑价现象的详细信息，表 3 - 2 总结了 1990 ~ 2016 年中国 A 股市场首日异常收益情况，数据显示出我国资本市场上 IPO 抑价水平逐年增长。

表 3 - 2　　1990 ~ 2016 年中国 A 股市场首日异常收益

Year	N	Mean	Min	Max
1990	7	284.66%	160.00%	540.60%
1991	5	642.30%	-27.00%	1498.00%
1992	40	430.63%	0.70%	2330.00%
1993	124	292.88%	-94.00%	3550.00%
1994	110	150.18%	-96.25%	1869.00%
1995	24	95.58%	-99.02%	748.00%
1996	203	222.93%	-95.98%	4900.00%
1997	207	213.77%	-91.30%	4380.00%
1998	106	181.32%	-86.13%	3590.00%
1999	98	143.26%	7.14%	3095.00%
2000	137	150.82%	0.28%	476.77%
2001	79	132.78%	-66.00%	413.79%
2002	71	148.63%	24.78%	1356.25%
2003	67	72.03%	10.73%	227.99%
2004	100	70.14%	-9.00%	324.89%
2005	15	45.12%	2.79%	133.86%
2006	66	83.58%	0.00%	345.71%
2007	126	222.18%	32.25%	4092.00%
2008	77	114.87%	7.66%	403.54%
2009	99	74.15%	2.34%	209.73%
2010	349	41.90%	-9.91%	275.33%
2011	282	21.08%	-23.16%	198.89%
2012	155	26.55%	-26.33%	626.74%
2013	2	27.69%	-5.21%	60.58%
2014	125	43.52%	13.75%	46.19%
2015	219	44.00%	43.90%	44.16%
2016	227	44.00%	43.90%	44.09%
Total	3120	148.91%	-99.02%	4900.00%

资料来源：RESSET 数据库。

从现有研究可知，少数文献利用信息不对称理论研究了中国股票市场的 IPO 抑价现象。例如，Mok 和 Hui 在 1998 年首先指出了事前的不确定性如何影响从 1990～1993 年的 A 股 IPO 回报的模式。Chan、Wang 和 Wei（2004）的另一项研究表明，中国的特殊监管环境放大了信息不对称，导致 IPO 过程中抑价程度加大。因此，由于中国 IPO 市场特殊和复杂的监管环境，我们首先对中国的 IPO 制度进行概述分析，以区分其与发达市场的区别。

3.2.1 中国 IPO 的制度特征

中国的 IPO 进程受到中国证券监督管理委员会（CSRC）的高度监管。自中国 IPO 市场成立以来，证监会已经进行了多次改革来完善中国的新股发行制度，并进一步降低极高的首日收益率，由此使其首日收益与发达国家的更加一致。例如，自 1990 年中国股票市场建立以来，发行体制已经从核准制度转变为与“通道制度①”相类似的制度。后来改为与“保荐人制度②”相类似的审批制度，最后是注册制度③。在其他新兴经济体或世界发达国家的证券市场的演变中，这些急剧而频繁的改革是罕见的。证券市场参与者为适应这些重大改革，采取了相应的必要措施，也影响了首次公开募股后的市场运行特点和企业的表现。尽管中国发行监管制度的不断尝试和改变能使得 IPO 的异常收益大幅下降，但是我国的 IPO 抑价程度仍远高于世界上任何一个国家。

1990～2005 年中国的平均抑价率超过 160%，是世界上的最高值，2005 年，国家开始实行询价分配制度，市场上的年平均 IPO 抑价率下降到 50%，但在 2006 年又开始上升，并在 2007 年达到 193% 的历史最高峰。由于全球金融危机的到来以及 A 股指数急速下滑，2008 年的 IPO 抑价率下

---

① 通道制度是指中国证监会确定每个券商拥有的发股通道数量，券商按照发行程序推荐一家发行并且再另外上报一家的制度。

② 保荐人制度是指保荐人（券商）推荐和指导发行人发行新股，验证发行人的发行文件，协助他们建立严格的信息系统的制度。

③ 注册制，要求发行人提供关于 IPO 公司的所有信息，特别是说明书。

降到 115%。由于全球金融危机和在这期间的大量首次公开募股迫使证监会从 2008 年 12 月 ~2009 年 6 月暂停了长达 8 个月的 IPO 发行，在此期间证监会完全放弃了对窗口定价的指导。出具了《关于进一步改革和完善新股发行制度的指导意见》（证监会公告〔2009〕13 号），并启动了新一轮 IPO 发行制度的改革。我们把这次重大市场改革的开端作为我们样本期的初始阶段。除此之外，在 2010 年，2012 年和 2013 年证监会也分别进行了其他三次重要的监管改革。

3.2.2 中国 IPO 史上三次重大改革

影响中国 IPO 市场的因素很多，包括政府对市场施行的一系列行政法规。中国最近的监管改革旨在提高与发达国家相一致的 IPO 的效率。徐菁和张慧荣（2015）的研究指出，在中国 A 股市场经历了 9 次 IPO 发行的暂停，并在最近几年开始逐渐恢复到正轨。在这 9 次的 IPO 暂停时期，其中有 2 次是发生在我们的全样本期间（2009 年 7 月 ~2016 年 12 月），包括了中国股市有史以来最长的一次 IPO 暂停。这两个阶段分别为：第一阶段为 2012 年 10 月 ~2014 年 1 月（15 个月）；第二阶段为 2015 年 7 月 ~2015 年 11 月（4 个月）。在我们的样本期间，不仅 IPO 发行制度发生了变化，而且 IPO 招标市场价格管制也发生了显著变化：

2010 年 10 月，中国证监会发布《深化新股发行制度改革指导意见》（证监会公告〔2010〕26 号），并且启动了 IPO 制度改革的第二阶段。随着 IPO 体制改革的演变，IPO 抑价率不断下降。

2012 年，中国证监会发布了《关于进一步改革新股发行制度的指导意见》（证监会公告〔2012〕10 号）。本次改革主要是加强信息披露管理，调整询价范围和配售比例，出台股票发行规则，加强发行监管，打击投机买卖，加大对不法行为的处罚力度。然而，这个改革没有达到预计的标准。事实上，2012 年改革后仍存在高抑价率、高过量募集资金和业绩恶化等问题。此外，由于股市低迷和证监会大规模的 IPO 自查以及核查等活动，继 2012 年 11 月 2 日浙江世宝上市停牌后，中国 IPO 暂停了 15 个月，是 A 股历史上 9 次暂停中最长的一次。

2013 年 11 月 30 日，证监会下发了《关于进一步推进新股发行制度改革的意见》（证监会公告〔2013〕42 号），标志着 IPO 正式由核准制转为注册制。制度的不断演进，从某种意义上说明了市场监管从“政府导向”向“市场导向”的演进，而 IPO 改革尚未取得明显成效。无论采用何种发行制度，首日发行的异常收益都会发生。然而，截至 2014 年 1 月，中国证监会规定将中国 IPO 首日抑价限制在 44%。这也标志着 15 个月停牌的结束和一个注册发行制度新时期的开始。

总而言之，我们预计这些改革将最终鼓励 IPO 公司更加谨慎地进行上市发行，提高信息授权。这些分散且多次的监管变化为我们提供了一个近乎完美的自然实验场所，以检验企业创新能力的信息的本质以及如何将创新信息纳入资产定价活动中。因此，我们的研究能够对现有的一般的 IPO 的文献研究做出有益的贡献，尤其是中国 A 股市场。

继 Chin 等（2006）对中国台湾股市进行研究后，在 2014 年以后，市场发生变化，我们将中国 A 股市场上的一种新形式的 IPO 抑价命名为 IPO 蜜月期。此外，我们为中国 IPO 市场与宏观的产业政策之间的相关性提供了相应的分析，为中国宏观经济政策在 A 股市场上的效率检验和分析提供了新的视角。不同时期的结果说明，2014 年以前，中国 IPO 市场在一定程度上受到宏观经济环境和企业创新能力的影响，这同时影响了产业政策的实施。此外，本章研究也有助于理解 IPO 抑价的信息不对称理论。这也说明了该理论在 IPO 企业创新活动内部价值评估中的适用性。换言之，新股价值的不确定性主要来源于企业的内部因素。然而，现有文献很少从企业价值的内在不确定性角度探讨 IPO 抑价现象。因此，在前人关于发达市场创新资本和 IPO 抑价研究的基础上（Heeley 等，2007），对来自两个不同维度的企业创新信息与中国市场 IPO 抑价之间的关系进行了概述分析。

本章的其余部分如下。3.3、3.4 和 3.5 节均为相关的假设发展和理论框架。3.6 节描述了数据选择的测量、变量的解释和研究设计。3.7 节介绍了描述性统计以及回归分析和稳健性检验的结果。3.8 节为本章小结，总结了本章前几节的研究结果，提出对中国股市的政策建议以及未来研究方向的延伸。

3.3 信息不对称与 IPO 抑价

当首次公开发行的发行价低于交易首日收盘价时，就会出现价格偏低现象（IPO 抑价），这意味着公开发行的股票价值低于其实际市场价值。如果股票价值被低估的话，这表明管理层已经“把钱放在桌上”（Ritter, 1998）让投资者去获得；也就是说，如果报价严格反映出了公司的实际价值，他们就不能获得额外的利润。大量实证证据表明，IPO 的平均定价偏低。学者对 IPO 抑价的理论解释分为：①信息不对称；②制度主义[①]；③市场行为[②]。从短期的角度来看，学者普遍将 IPO 抑价归因于信息不对称，因为外部投资者对于 IPO 市场上的公司信息了解有限。因此，他们很难评估股票的真实价值（Rock, 1986；Carter 和 Manaster, 1990）。还有其他一些理论，例如诉讼规避假说[③]，也试图解释短期的 IPO 抑价。然而，信息不对称理论仍然是迄今为止 IPO 抑价现象的最有力的解释（Ljungqvist, 2007）。

3.3.1 创新投入与 IPO 抑价

要想获取公司的创新资本和活动的真实价值需要获得该公司相关的可靠信息。不幸的是，普通投资者却并没有能力获取这些信息。当然也有像研发支出等这样的数据会经常被用来评估企业的创新活动（Griliches, 1990）。学者们通常认为研发投资是创新过程当中的一种投入，它代表着

① 由于中国特殊的制度背景，许多学者（刘煜辉和熊鹏，2005；Tian, 2011）认为，制度的缺陷是 IPO 首日超额收益的根本原因。

② 随着我国 IPO 制度的发展，一些学者（刘煜辉和熊鹏，2005）也运用行为金融学的理论模型解释了二级市场中的非理性定价问题。

③ Tinic (1988) 认为，在监管机构之间、发行人和主承销商之间均存在信息不对称性，而抑价是发行人和承销商之间避免诉讼的有效保险形式。

公司从事创新活动的研发力度。与其他有形资产相比，研发支出具有信息不对称性的特征，并且其估值的不确定性也较大。Williamson（1981）指出研发投入是知识和技术的产物，只能用于特定的目的。此外，研发投入产生的价值往往依赖于企业的经营活动，且能产生出不同于其他资产的价值。Aboody 和 Lev（2000）的研究认为，研发投入密集型的企业的内部利润率要远远高于没有研发投入的企业。Guo 等（2006）指出，研发活动的不确定性会加剧企业 IPO 时的信息不对称，但相关信息的详细披露也可以减少其信息不对称。Chin 等（2006）以 IPO 公司研发费用作为代理变量之一来衡量中国台湾的企业创新，发现公司研发支出与 IPO 抑价正相关。他们的发现也与 Guo 等（2006）的研究结果相一致。基于以上讨论的关于信息不对称的理论和文献，我们可以提出以下假设：

H_{1a}：在其他条件不变的情况下，上市公司的创新投入（研发支出）越多，其 IPO 抑价程度越大。

3.3.2 创新产出的信号传输理论与 IPO 抑价

技术创新是一个复杂的过程，它经历了一系列的阶段，包括项目启动、创新、科技进步、商业化、专利获取、产品发布等（Kelm 等，1995）。研究开发只是创新的投入，而不是产出。具有较强创新能力的企业能够适应市场需求的变化，有效配置内部资源，产生新的知识和技术，拥有更多的专利和技术机密。专利这种重要的技术是公司的无形资产，能直接影响产出，且作为产品的研发结果（Griliches，1990），也可以显著降低研发活动的内在不确定性（Lev，2001）。

由于专利申请的普遍化，创新型企业与投资者之间的信息不对称越来越严重。投资者无法正确评估 IPO 公司的创新能力。因此，市场促使企业披露更多有关其创新活动的信息。难处不在于衡量研发投入而在于企业不公开其相关信息（Lev，2001）。因此，自愿披露则成为创新型企业缓解信息不对称和提高信息透明度的重要途径。Guo 等（2004）发现，大多数美国生物技术公司在上市时都会自愿披露其创新研发信息，以提高创新资本的信息透明度。这直接帮助企业降低资本成本，获得更高的市场份额。因此，自愿披露更多研发信息的创新型企业将得到市场参与者的更多关注（Jones，2007）。

向发行人披露创新信息的好处包括：传递给市场积极信号，可以帮助企业成功上市，缓解研发投入的不确定性和信息不对称性，提高信息透明度，降低资金成本。由此，发行人拥有的专利越多，创新能力就越强。此外，招股说明书中披露的信息可以有助于向市场传递积极信号，减少 IPO 抑价的幅度。

根据前面的讨论分析，我们在这里更详细地解释了企业专利与 IPO 抑价之间的关系。关于创新经济学的大量研究表明，能反映创新技术变化的专利对提高企业价值有着重大贡献（Hall 等，2005）。Heeley 等（2007）指出，当企业创新活动与价值创造之间的联系透明之时，创新活动可以减少 IPO 过程中的信息不对称。Hall 等（2005）发现，作为非财务性指标的专利包含的隐藏信息比研发投入的更多，可以被投资者用来评估研发活动的市场价值。2003~2014 年，中国 A 股市场上市的企业的 IPO 招股说明书中，披露了其专利信息的企业占全部的 99.47%，大部分企业愿意披露企业的一些详细信息，如专利号、专利名称和专利内容（张学勇和张叶青，2016）。投资者认为获得更多专利的公司具有更高质量的研发结果和卓越的绩效前景（Lev，2001）。因此，关于企业创新产出（专利）与 IPO 抑价程度关系的假设如下：

H_{2a}：在其他条件不变的情况下，上市公司的创新成果（专利数）越多，IPO 抑价的程度就越小。

3.4 IPO 抑价的新形式——IPO 蜜月期

中国大陆地区的 IPO 市场经历了更为复杂的市场干预。原因在于，资产的定价不仅取决于市场力量，还取决于行政权力的控制。自 2014 年以来，中国证监会的新规（中国证监会公告〔2013〕42 号）规定，在上海和深圳两大证券交易所上市的企业，在其新股上市时需限制其首日上市涨幅不超过 44%。这个规定与在 20 世纪 90 年代我国发布的关于股票市场的交易日价格涨幅限制的规则不同，早在 20 世纪 90 年代，证监会就规定新股在首个发行日之后的每个交易日的收盘价格的增长不能高于 10% 的涨幅[①]。然而，这两个价格限制政策也意味着首次公开募股的股票价格可能会出现一个全新的形式：即在第一天上涨 44%，并从上市后的第二天起的每一个交易日都会有 10% 的价格涨幅限制。综上所述，中国证监会与两大证券交易所协调制定和实施了股价限制规则，即新股价格的首日上涨幅度最高为 44% 和在 IPO 上市首日之后的每一个交易日的价格涨幅限制为 10%，由此来抑制市场的波动。

根据 2014 年以来的新股首日价格最高上涨 44% 的限制规定，我们总结得到了表 3 - 3 的数据。从表 3 - 3 还可以看出，只有 8 家 IPO 公司在其首次公开上市后的股价涨停的天数不到 10 天，大多数公司首次公开上市后涨停的时间都达到 21 ~ 30 天。而且，我们还得到一个有趣的发现，随着时间的推移，大量企业的新股价格的涨停时间超过 1 个月（31 ~ 40 天）。此外，我们把 A 股市场分开来看，可以发现，主板、中小板、创业板分别呈现出了不同的正态分布。另外，创业板中涨停时间超过 1 个月的企业数量也多于其他两个市场。因此，44% 的首日抑价新规对于要限制首日 IPO 的投机实际上并不理想，反而由此导致了新股首次公开上市的一种“快速涨停”现象的产生。因此，也使得那些想购买新股的投资者没有机会。在“快速涨停”的情况下，很少有投资者愿意出售股票，导致首日交易量不足，从而导致了新股自发行开始的持续涨停的现象。

新政策可能会控制 IPO 的首日异常收益，并在一定程度上遏制新股投机行为。然而，自 2014 年的监管转型以来，市场也逐渐显示，新上市的股票往往会出现连续好几天的涨停，甚至导致首日股价翻倍上涨延续到 IPO

---

① 自 1996 年起，证监会要求两大主要证券交易所上市的所有股票每日涨跌幅不超过 10%。

表 3－3 中国股市上涨天数

涨停板天数	主板						中小板						创业板					
	2014 年		2015 年		2016 年		2014 年		2015 年		2016 年		2014 年		2015 年		2016 年	
	Obs	涨幅%	Obs	涨幅%	Obs	涨幅%	Obs	涨幅%	Obs	涨幅%	Obs	涨幅%	Obs	涨幅%	Obs	涨幅%	Obs	涨幅%
1～10	1	43.49	0	0.00	0	0.00	2	34.51	2	151.27	0	0.00	2	50.84	1	242.48	0	0.00
11～20	10	65.23	11	115.45	4	88.62	12	54.62	7	112.30	1	119.55	19	71.99	6	133.30	0	0.00
21～30	25	175.77	50	207.33	44	205.44	15	190.13	24	246.57	23	247.61	22	188.77	39	254.54	16	271.78
31～40	3	246.81	23	443.25	44	434.53	1	405.94	9	480.75	14	451.01	7	328.92	19	565.59	39	494.76
41～50	3	701.04	6	771.15	10	616.22	1	294.17	5	1080.34	7	954.29	1	300.43	18	1055.47	23	746.35
51～60	1	1111.31	0	0.00	1	1969.33	0	0.00	0	0.00	0	0.00	0	0.00	4	1673.20	0	0.00
合计	43	210.35	90	293.98	103	355.78	31	137.95	47	356.06	45	417.97	51	161.28	87	544.91	78	523.21

后 10 天（徐菁和张慧荣，2015 ）。因此，新政策实际上延长了 IPO 首日抑价的时间，即伴随着 IPO 之后的若干天的每日 10% 的价格涨幅的涨停板。与 2005 年以前的台湾股市相似，这种反常现象被称为蜜月期。此外，中国证监会和两大证券交易所实行的两项限价政策，阻止了首次公开发行股票价格不在 IPO 的首日完全披露，而是逐渐地披露其信息，从而也延长了 IPO 的蜜月期限。我们的研究在考虑到这一时期的同时，也测试了公司的创新资本（研发支出和专利）与 IPO 蜜月期的现象之间是否存在相关性。

早些时候有中国台湾市场的 IPO 抑价①的蜜月期影响的研究，我们将研究范围扩展到中国 A 股市场，但同时也会伴随着一些不同的潜在假设。我们发现 IPO 蜜月期对中国股市的影响有两个原因。首先，目前的 IPO 定价公式忽略了创新资本（研发投入和专利）的影响，只注重市场对 IPO 的反应。然而，投资者的行为可能受到非经济因素的影响，这些因素忽略了未来现金流量的潜在现有价值，却反映出了 IPO 公司所属的公司或行业的特别的“异性吸引力②”。尤其是在中国，个人投资者是股市中最重要的参与者，但他们更有可能做出不合理的投资决策。其次，由于 IPO 蜜月规则的存在，造成了 IPO 市场价格趋于稳定，使得我们可以把股票价格增长的时间持续到较首日增长稍长期一点的水平上。然而，随着时间的推移，在 IPO 引发的最初市场上的投资高涨情绪消退之后，任何“非理性的过度反应”都会随之消失（Chin 等，2006）。市场上 IPO 蜜月的特点，使我们从而思考股票价格首次公开上市后的企业研发投入和专利效应的持续性。因此，对于中国市场而言，更有必要把这个时期作为股票长期表现的一个非常重要的转折或过渡期。与发达国家和其他新兴市场相比，中国股市是相当独特的，因此，这项研究将有助于现有的研究，提供进一步关于我国特殊形式的 IPO 抑价（IPO 蜜月期）的相关研究证据。

---

① 在中国台湾股市中的蜜月期现象是，从股票的发行首日起，每日股票价格上涨限制在 7% 的最大涨幅，直到股价较前一日收盘价涨幅未达 7% 那天为止。这项规定一直执行到 2005 年。而在 2005 年之后，证券委员会规定在 IPO 的第一天取消了 7% 的涨幅上限。

② 美联储委员会主席 Alan Greenspan 在 1996 年描述了投资者心理和美国股市的表现和活动。

如前所述，蜜月期是另一种形式的 IPO 低估现象。考虑到创新资本（研发投入和专利）对 IPO 蜜月期的不同影响程度。根据发行后股票价格改革的监管限制，创新资本对 IPO 蜜月期的影响有相关关系。因此，假设如下：

H_{1b}：在其他条件不变的情况下，企业创新投入（研发支出）越多，其 IPO 蜜月期越长。

H_{2b}：在其他条件不变的情况下，企业创新产出（专利数）越多，其 IPO 蜜月期越短。

3.5 企业创新在产业政策的作用下对 IPO 短期市场表现的影响

中国的产业政策是政府管理企业和产业的宏观经济的工具。产业政策的目标是帮助优化产业结构和产业组织，从而促进整个产业的发展。在 20 世纪 60 年代，日本学者首先将这种宏观经济政策命名为产业政策，是指政府对个别行业企业活动和产品市场的行政干预的总和，产业政策支持和保护目标产业，改善经济结构，提高国际竞争力和研发活力，扩大就业率，促进社会经济和技术发展的平衡。因此，日本被视为是近几十年来第一个实施产业政策使其创新成果显著的国家。除此之外，许多其他发达经济体，如美国和澳大利亚，以自由竞争为目标，通过市场力量优化资源配置，同时应用自己的产业政策来推动研发活动，鼓励企业和产业内部的创新（李远，2006；Li 和 Turpin，2011）。

但是，与发达国家相比，中国的产业政策效率还有很多争议。中国在 20 世纪 80 年代后期开始实施产业政策。到 21 世纪，中国的产业政策对国家的微观结构有着显著的干预。因此，正如前面所提到的那样，大量的研究对产业政策在中国运行的可行性进行了讨论。这为我们提供了进一步的动力，来从另一个角度考察这一政策在中国的实用效率。

中国经济增长速度在过去的几年里有了明显的下降。面对“新常态”

经济放缓，受到日本成功案例的启发，李克强总理提出“创新”的理念，以提高劳动力边际生产率来刺激经济增长。前世界银行副行长林毅夫（2002）指出，创新可以促进产业技术升级和新兴产业的发展，这有利于提高产业链效应。由于国家的创新是以个人和企业的创新为基础的，因此在企业层面推动创新，可以为全国经济增长创造更有利的环境。因此，从微观角度研究产业政策的可行性，有助于我们进一步了解如何促进企业创新，升级产业，从而通过创新促进 IPO 市场稳定增长和发展。

为各产业和企业的研发活动提供补贴和税收优惠是中国政府实施的产业政策最常用的宏观调控工具（鲁文龙和陈宏民，2004）。此外，陈冬华等（2010）发现产业政策在确定上市公司融资行为中起着重要的作用。李隋和张腾文（2015）指出，在产业政策支持下的企业股权融资的规模和频率都将大幅增加。因此，我们可以画出以下相关性的图示，并提出关于 IPO 抑价的相关假设：

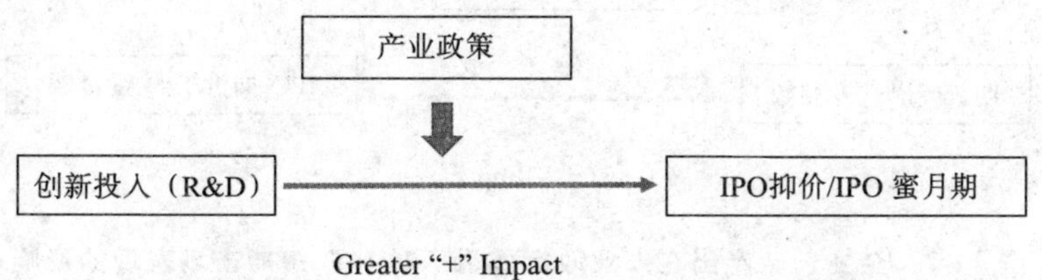

图 3－1　企业创新投入在产业政策作用下对 IPO 短期市场表现的影响

H_{3a}：在产业政策的作用下，企业创新投入（研发支出）对 IPO 抑价的正向影响将更大。

H_{3b}：在产业政策的作用下，企业创新投入（研发支出）对 IPO 蜜月的正向影响将更大。

这一命题表明，产业政策可以以增加补贴和税收优惠的方式提高研发支出对 IPO 抑价的影响。而对于 2013 年以后 IPO 抑价的新形式，在产业政策的支持下，创新投入预计对 IPO 蜜月期也有较大的正面影响。然而，与创新投入（研发支出）相比，直接描述产业政策与创新产出（专利）之间的关系相对会更困难。

大多数现有文献从创新质量和强度的角度出发，重点研究了企业的创新行为，而不是从企业创新动机的角度来看问题。实际上，除了旨在促进技术进步和保持行业竞争优势的创新行为之外，还存在另一种被称为“战略行为”的创新行为，即企业通过追求创新的“数量”和“速度”，从政府的创新政策中获取利益和补贴（Tong 等，2014）。我们必须要研究创新动机的差异，这有助于研究政府行为与企业对产业政策实施和影响的反馈表现，比较政府行为和企业反应之间的相互作用，这对于我们来说是至关重要的。Tong 等（2014）、黎文靖和郑曼妮（2016）同时也发现，受中国产业政策刺激的企业专利数量正在增加。因此，当一家公司可能获得更多的政府补贴和税收优惠时，其专利申请将显著增加。这表明，产业政策的财税支持使得企业更具创新性，专利数量更多，从而加强了创新产出与 IPO 抑价或 IPO 蜜月期之间的关联。这使我们提出假设：

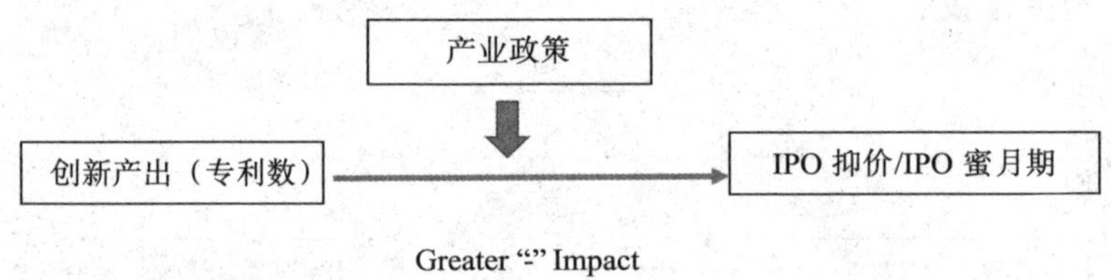

图 3-2 企业创新产出在产业政策作用下对 IPO 短期市场表现的影响

H_{4a}：在产业政策的作用下，企业创新产出（专利数）对 IPO 抑价的负向影响将更大。

H_{4b}：在产业政策的作用下，企业创新产出（专利数）对 IPO 蜜月的负向影响将更大。

3.6 数据、变量和研究设计

中国 IPO 市场表现很差，由于其首日 IPO 抑价率显著高于其他国家（Ting 和 Tse，2006）。目前这个领域的大部分文献都是利用 2012 年以前的 IPO 数据来研究这一现象（Jun 和 Tian，2012；Chen 等，2015；曹超，

2016)。然而,2012 年之后证监会的一系列对市场的改革政策在 IPO 市场上发挥了重要作用。我们通过划分不同的时间段来考察公司 IPO 前两个不同维度的创新资本与 IPO 市场异常的短期表现之间的关联。因此,我们的样本包括 2009 年 7 月 ~2016 年 12 月在上海和深圳证券交易所上市的 A 股市场上的所有 IPO 公司。

3.6.1 IPO 样本和数据

我们的主要样本包括在 2009 年 7 月 ~2016 年 12 月期间在上海及深圳证券交易所上主板、中小企业板(SME)及创业板(Growth Enterprise Market)上市的全部 1460 家 IPO 公司。然后,我们将这个样本根据 2009 年 7 月 ~2012 年 9 月以及 2014 年 1 月 ~2016 年 12 月这两个不同时间段进行划分。我们的样本选择这段时期并将其分为 2 个不同的时间段有 3 个原因:首先是充分利用中国首个市场导向的 IPO 发行改革大环境,因为这个时间段涵盖了中国 IPO 市场的三大改革。其次,将这一时间窗口分成两个子时期,可以更好地检验 IPO 改革对中国市场的实际影响。截至 2012 年 11 月为止,中国证监会暂停了 IPO,这是大约为时 15 个月的过渡期(曹超,2016)。中国证监会公告的文件〔2013〕No. 42 标志着我国注册制度的新纪元的开端。随着发行体制的变化,IPO 市场的运行也会因此发生改变。最后,对于在上市的第一天最高 IPO 抑价率不得超过 44% 的限制,新规有望对市场首日的抑价现象进行调整和修改。然而,从首个发行日之后的不断涨停的连续交易日来看,这使得市场延长了投机时间。这促使我们采用不同的方法来衡量第二个时期的 IPO 抑价率,以更准确地检测创新资本对 IPO 抑价率的效应。

3.6.2 研究设计

表 3-4 显示了 IPO 样本各年份分布情况。我们直接从国泰安数据库(CSMAR)和 RESSET 数据库收集样本数据。表 3-4 显示了从 2009 年 6 月 ~2016 年 12 月中国 A 股市场的 IPO 情况。由于证监会的 IPO 审核制度

改革，2013 年我国 IPO 暂停。只有美的集团（000333）和浙能电力（600023）两家公司是通过并购上市。因此，这两家公司被排除在我们的统计样本之外。在我们的研究样本期内，除了通过并购实现上市的企业，在中国 A 股市场两家证券交易所上市的公司共有 1460 家。

表 3-4　　样本选择过程

年份	2009	2010	2011	2012	2013	2014	2015	2016	Total
主板	10	28	38	26	2	43	92	103	340
中小板	59	203	114	52	0	31	45	45	549
创业板	42	116	125	72	0	51	87	78	571
总样本数	111	347	277	150	—	125	224	226	1460

3.6.2.1　测试假设 H_{1a}，H_{1b}，H_{2a} 和 H_{2b}

首先，我们用下面的 OLS 回归来测试创新投入（R&D）和创新产出（patent）对 IPO 抑价率（UP）的影响，即 H_{1a} 和 H_{2a}：

$$UP_i = \beta_0 + \beta_1 patent_i + \beta_2 R\&D_i + \gamma_1 controlvariables + \varepsilon_i \quad (3.6.1)$$

其次，为了研究创新资本对 2014 年 1 月 ~2016 年 12 月 IPO 蜜月期（HM）的影响，我们构造了模型（3.6.2）来检验 H_{1b} 和 H_{2b} 的假设：

$$HM_i = \beta_0 + \beta_1 patent_i + \beta_2 R\&D_i + \gamma_1 controlvariables + \varepsilon_i \quad (3.6.2)$$

3.6.2.2　测试假设 H_{3a}，H_{3b}，H_{4a} 和 H_{4b}

首先，我们加入产业政策（IP）分别与创新投入和创新产出的交互作用项来测试 H_{3a} 和 H_{4a}：

$$UP_i = \beta_0 + \beta_1 patent_i + \beta_2 R\&D_i + \beta_3 patent_i \times IP + \beta_4 R\&D_i \times IP + \beta_5 IP + \gamma_1 controlvariables + \varepsilon_i \quad (3.6.3)$$

其次，再把产业政策（IP）对创新投入和创新产出的两个交互项带入到 IPO 蜜月期的模型（3.6.4）来测试 H_{3b} 和 H_{4b}（2014 年 1 月 ~2016 年 12 月）：

$$HM_i = \beta_0 + \beta_1 patent_i + \beta_2 R\&D_i + \beta_3 patent_i \times IP + \beta_4 R\&D_i \times IP + \beta_5 IP + \gamma_1 controlvariables + \varepsilon_i \quad (3.6.4)$$

3.6.3 因变量和自变量

3.6.3.1 因变量

(1) IPO 抑价 (UP_i): 由于我国 IPO 发行制度的调整变化，我们采用不同的计算方法来描述不同时段的 IPO 抑价率。

其一，2009 年 7 月 ~2012 年 9 月的第一阶段：

我们遵循以前的研究，采用经典的计算方法来得到 IPO 抑价水平，按照以下公式计算股票“i”的首日收益率：

$$UP_{i1} = IR_{i1} = \frac{P_{i1,t} - P_{i0}}{P_{i0}} \times 100\% = \left(\left(\frac{P_{i1,t}}{P_{i0}}\right) - 1\right) \times 100\%$$

其中“$P_{i1,t}$”表示股票“i”在发行第一天结束时的收盘价，“P_{i0}”表示发行价格。

为了得到更有实践意义的抑价率，Aggarwal，Leal 和 Hernandez (1993) 引入了市场调整后的公式，如下所示：

$$UP_{it} = IR_{i1} - M$$

或

$$UP_{it} = \frac{(P_{i1,t} - P_{i0})}{P_{i0}} - \frac{(M_t - M_{t,0})}{M_{t,0}} \times 100\% \tag{3.6.5}$$

其中“$M_{t,0}$”指的是 IPO 在第一个交易日前一天的市场指数的收盘价。我们将 Aggarwal 等提出的市场调整的 IPO 抑价方法应用在我们研究 IPO 抑价水平 (UP1) 的初步实证检验之上。

其二，2014 年 1 月 ~2016 年 12 月的第二阶段：

这一时期，受到了中国 A 股市场的限价政策的影响，因此我们定义 IPO 蜜月期即为新股的发行日直到 IPO 股票价格的涨幅低于或等于 10% 的那个交易日结束的这段时期。正如前文表 3 - 3 中显示的情况，样本中观察到的最长的涨停时期是 59 天。因此，我们使用离散定价模型 (3.6.5) 来计算这段时间的 IPO 抑价率是不准确和不合理的。根据 Beatty 和 Ritter (1986)、Chin 等 (2006) 以及张学勇、廖理 (2011) 的研究表明，如果公司上市的首个交易日的收盘价格在公开交易的情况下无法用常规的 IPO 抑价函数来计算的话，那么我们可以在一级市场和二级市场之间采用连续的价格调整方法来描绘首次公开募股后的价格变化。因此，我们在这段时间内的抑价形式的最终测量定义如下：

$$UP2 = \ln\left(\frac{P_{i,t^*}}{P_{i0}}\right) - \ln\left(\frac{M_{i,t^*}}{M_{t,0}}\right) \tag{3.6.6}$$

其中 $P_{i,t}$ 为首次公开发行后第 t 天的收盘价，P_{i0} 为发行价格，$M_{i,t}$ 为交易日末同期市场指数，$M_{t,0}$ 为发行日的市场指数，t^* 是 IPO 股票以低于或等于最高上限 10% 的价格收盘的最后一个交易日。因此，我们使用市场指数来获得 2014 年 1 月 ~2016 年 12 月首次公开募股的市场调整后回报。然后应用模型（3.6.6）的持续调整价格的方法来计算市场调整后公开发行的第一个交易日的超额收益（UP2）。

（2）蜜月期（HM_i）：IPO 蜜月期（HM_i）是 IPO 股票价格比前一天收盘价上涨了 10% 的这一时间段。因此，当新股收盘价格低于前一日收盘价格的最高限价的 10% 时，则意味着蜜月期就此结束（Chin 等，2006）。蜜月期的持续时间（HM_{it}）可以根据如下计算：

$$HM_{it} = (t^* - t_0) + 1 \tag{3.6.7}$$

其中 t^* 是 IPO 股票收盘价在最高上限 10% 以下的最后一个交易日，t_0 为首发日。

3.6.3.2　自变量

（1）创新变量：创新变量有创新投入（R&D）和创新产出（专利）。

其一，创新投入（R&D）：根据徐欣、夏芸和李春涛（2016）的研究，创新投入是通过研发——R&D 强度来衡量的，按照 R&D 投资与总资产的比值进行计算。我们手动收集了上市公司招股说明书中两年的研发投入和总资产数据，然后用公司上市前期两年的平均 R&D 投资来衡量最终的研发强度。

其二，创新产出（专利）：正如我们之前所提到的，专利是企业生产过程中创新资本的产物（Chen 和 Xu，2015）。因此，我们使用上市前 IPO

招股说明书中所申请和获得的专利数量，然后我们将模型中专利数量的对数作为衡量模型中创新产出的指标。

（2）产业政策变量（IP）。

衡量中国产业政策变量的方法来自陈冬华，李真和新夫（2010）、陆正飞和韩非池（2013）以及祝继高，韩非池和陆正飞（2015）的研究。他们用包含行业发展计划的“五年计划①”来衡量中国的产业政策变量。本章研究的产业政策样本包含“十一五计划”（2006～2010 年）、“十二五计划”（2011～2015 年）和“十三五计划”（2016～2020 年）时期。根据中央发布的“五年计划”的这 3 项议案，我们按照他们的方法将行业和上市公司分成两组。一组是产业政策明确支持的产业，另一组是不受政策影响的产业（附录 1）。对于政策支持的行业，我们采用 IP = 1 的虚拟变量来表示，对于没有产业政策支持的行业，则 IP = 0。

另外，为了检验产业政策对创新与 IPO 抑价之间的相关性，我们使专利和研发系数与代表产业政策的变量相交互来表现三者之间的相关性。例如，有两组企业——属于受产业政策影响的行业编码为 1，反之则编码为 0，并通过使用交互作用项来表示——通过这两组企业来测试模型（3.6.3）和（3.6.4）中所对应的假设 H_{3a}，H_{3b}，H_{4a}和 H_{4b}。

3.6.3.3 控制变量

（1）风险投资（VC）：现有文献表明，关于风险投资与 IPO 抑价关系的争论尚未终止。Gompers（1996）的一项早期研究表明，投资越年轻的风险投资公司，其 IPO 抑价的水平就越高。Salim 等（2012）最近的一项研究表明，具有不同特征的风险投资公司预计其 IPO 抑价率也会更高。最后，张学勇和张叶青（2016）发现，风险投资上市公司的 IPO 抑价率相对较低，且在统计上现实是不显著的。本章通过在模型中加入一个虚拟变量来考察中国市场上风险投资与 IPO 抑价之间的关系，如果上市公司在上市

---

① “五年计划”，全称为“中华人民共和国经济和社会发展五年计划纲要”，在中国是国家长期经济计划的一个重要组成部分。五年规划主要着眼于国家重大建设、生产力布局、国民经济调控等方面的提升，以促进国民经济的长远发展。

前有一个或多个风险投资公司，则 VC 的编码为 1，否则编码为 0。

（2）公司规模（Asset）：以前的研究提出，较大型企业的信息不对称性较低（Barth 和 Kasznik，1999），因此，我们将使用 IPO 前一年总资产的对数来控制企业规模效应。

（3）首日换手率（Turnover）：根据 Loughran 和 Ritter（2002）的研究，预期收益与首日换手率有直接的关系。因此，我们在模型中纳入了第一天的周转率来控制 IPO 抑价率。

（4）中签率（Lottery）：Li（2006）发现公司的 IPO 抑价与新股发行时的中签率呈负相关。因此，我们的研究将控制网上发行 IPO 股票的中签率。

（5）总融资额（Proceed）：根据 Li（2006）的研究，IPO 抑价率与发行规模也呈负相关。因此，我们用总融资额（总发行量乘以发行价格）的对数来控制 IPO 抑价。

（6）公司年龄（Age）：现有研究认为，企业年龄在企业的组织，尤其是绩效方面起着至关重要的作用（Filatotchev 和 Bishop，2002）。本书定义公司的年龄为从公司成立的日期到 IPO 那一年的这段时间。

（7）承销商声誉（UW）：以前的研究已经普遍承认，承销商声誉对 IPO 抑价有重要影响（Carter 和 Manaster，1990；Higgins 和 Gulati，2000），他们的研究在很大程度上表明，在 IPO 期间拥有更多知名券商的公司往往在 IPO 时会有较低的抑价率。我们遵循这些研究，在模型中增加了一个虚拟变量来衡量承销商声誉对 IPO 抑价率的影响。因此，我们定义若上市公司在上市时拥有至少一家在证监会发布的保荐人排行报告中排名前十的承销商[①]的公司，则这一变量将被编码为 1，否则编码为 0。

① 根据证监会关于证券公司在 2006 ~ 2016 年间在承销与保荐的净收入的报告。

3.7 分析结果

3.7.1 描述性统计

我们从 1460 个原始样品中删除了没有招股说明书及既没有研发投入又没有专利的公司。此外，只有当公司没有专利而有创新投入（研发投入）时，才将专利计为 0。最终，从研究样本中筛选出了 1356 家 IPO 公司。2009 ~ 2012 年，经过筛选的 IPO 公司的数量是 824 家。而 2014 ~ 2016 年间为 532 家。因此，表 3 – 5 给出了 1356 家 IPO 公司的最终样本的描述性统计。2009 ~ 2012 年期间 IPO 抑价率的平均值为 0.3618，高于 Lin 和 Tian（2012）研究的 34 个国家的平均值（0.2760），而且，从表中可知，2009 ~ 2012 年的最高抑价率高达 6.2491。2014 ~ 2016 年的平均价格为 1.3740，平均 IPO 蜜月期约为 30 天，最低为 10 天，这表明在 2014 ~ 2016 年期间，每个 IPO 股票将从其首次发行日起有长达 10 天甚至更长的蜜月期。与 2006 年以前中国台湾 IPO 市场蜜月期相比，中国 A 股市场蜜月期均值比台湾市场长 24 天。此外，海天精工（601882）自上市以来拥有近两个月（59 天）的最长 IPO 蜜月期。然而，UP1 和 UP2 两个时期的最高抑价率相比，我们发现 2014 年之后的最高 IPO 抑价率在 3.2230 左右，低于 2014 年之前的最高抑价率。从表面上来看，首日限价政策（44%）似乎从 2014 年起降低了异常高的抑价率，然而，却也可以得出，这样也形成了一种新的 IPO 抑价形式——IPO 蜜月期。首日高抑价现象已经延续到了 IPO 后的连续多日涨停的蜜月期，因此，平均的 IPO 抑价率没有下降反而大幅上升。

另外，对于创新资本来说，创新产出（专利）的平均数为 70 项，而最高值被比亚迪公司获得，为 7713 项专利。与其他市场相比，中国 IPO 公司的专利数通常较高。例如，Heeley 等（2007）研究表明，美国公司上市前的平均专利数量大约是 6。Chin 等（2006）发现，中国台湾市场上市公司的平均专利数量大约为 1。因此，从以往的研究来看，中国 A 股市场上相对较多的创新产出表明，我国上市公司的创新能力确实很强，有可能是由于受到产业政策的鼓励和支持的原因，创新产出的数量甚至可能会由此增长。

表 3－5 **描述性统计**

Variables	N	Mean	Std. Dev.	Min	Max
UP1	824	0.3618	0.4477	－0.2022	6.2491
UP2	532	1.3740	0.5523	0.1210	3.0261
HM	532	29.8477	9.0548	10	59
Patents	1356	70.4204	270.4758	0	7713
(Patents＋1)[1]	1356	3.1836	1.4642	0	8.9508
R&D	1356	0.0672	0.5883	1.93E－05	19.9749
VC	1356	0.6851	0.4646	0	1
Asset[1]	1356	20.2798	1.0881	15.9441	29.8151
Turnover	1356	0.4297	0.3731	0.0001	0.9592
Lottery	1356	0.0104	0.0241	0.0001	0.6552
Proceed[1]	1356	20.0475	0.7118	17.4714	24.0422
Age[1]	1356	2.2355	0.6192	0	3.5553
UW	1356	0.4565	0.4983	0	1

注：1. 对数。

3.7.2 单变量分析

为了进一步探讨我们研究中各个变量之间的相关性，我们检测了 Pearson 相关性系数，结果如表 3－6 所示。结果表明，2009～2016 年上市的企业创新产出（专利）与 IPO 抑价和 IPO 蜜月期呈负相关，且在 1% 的水平下显著。这一结果与假设 H_{2a} 和 H_{2b} 的预测是一致的，表明在上市之前拥有更多专利的公司在上市之后其 IPO 抑价程度较低、蜜月期也较短。相比之下，2009～2016 年上市的企业创新投入（研发强度）和 IPO 蜜月期与 IPO

抑价呈正相关，符合假设 H_{1a}和 H_{1b}的预期。此外，在 2009～2012 年期间上市的企业，其研发与 IPO 抑价之间的关系，在 10% 的水平下具有显著的统计意义，并在 2013 年之后在 1% 水平下显著，这意味着在 IPO 之前拥有更多创新产出的公司在 IPO 之后会有更大程度的 IPO 抑价和更长时间的 IPO 蜜月期。除此之外，表 3－6 同样显示了各个控制变量与 IPO 抑价程度及 IPO 蜜月期之间的相关性，其中值得注意的是，风险投资与公司年龄的变量与 IPO 抑价和 IPO 蜜月期均有正向非显著的相关性。这一发现与现有大多数文献中得到的显著相关性不一致，因此，我们将在之后的回归中带入模型进行进一步的分析。其次，新股的中签率与 IPO 抑价和 IPO 蜜月期均有着非常显著的负相关性，且相关性指数超过了－0.5000。而这种强相关性也同时出现在公司总融资额与公司规模之间的相关关系，为了探究数据和模型是否存在多重共线性问题，我们将在之后的模型回归中加入方差膨胀因子（VIF）检验。

为了充分解释创新产出、创新投入、IPO 抑价和 IPO 蜜月期之间的相关性，我们进一步将 IPO 样本按其研发投入的中位数和专利数的对数的中位数分为高、低两个组。根据我们在表 3－7 中的总结检验发现，这两个时期（2009～2012 年和 2014～2016 年）的样本中，高研发投资的那一组的 IPO 抑价率、蜜月期以及股票表现分别在 10%、1% 和 1% 的水平下显著高于低创新投入的那一组。相反，面板 B 的结果显示，拥有高水平创新产出的公司的 IPO 抑价、蜜月期和股票表现分别在 5%、1% 和 5% 的水平下显著低于低创新产出组的结果。这些发现分别符合 H_{1a}、H_{1b}、H_{2a}和 H_{2b}的假设。因此，企业创新能力水平与其 A 股市场上 IPO 抑价程度和 IPO 蜜月期高度相关。

表 3-6 变量的 Pearson 相关性检验

Variables	UP1	UP2	HM	(Patents+1)[1]	R&D	VC	Asset[1]	Turnover	Lottery	Proceed[1]	Age[1]	UW
UP1	1											
UP2	.	1										
HM	.	0.9051***	1									
(Patents+1)[1]	-0.0962***	-0.1483***	-0.1225***	1								
R&D	0.0478*	0.1842***	0.1780***	-0.0300	1							
VC	-0.0213	0.0402	0.0301	0.0323	0.1284***	1						
Asset[1]	-0.1188***	-0.1859***	-0.1485***	0.2350***	-0.3157***	-0.0632**	1					
Turnover	0.5946***	-0.3196***	-0.3017***	-0.2104***	-0.0592**	-0.1010***	-0.2020***	1				
Lottery	-0.2369***	-0.6332***	-0.5615***	-0.0406	-0.0319	-0.0477*	0.1696***	0.0758***	1			
Proceed[1]	-0.2997***	-0.4631***	-0.4239***	0.0899***	-0.1415***	-0.0757***	0.6235***	0.1493***	0.2969***	1		
Age[1]	0.0193	0.0417	0.0381	0.0681**	-0.0086	0.0330	0.0007	-0.3441***	-0.1394***	-0.2624***	1	
UW	-0.0672*	-0.0412	-0.0239	0.0534**	-0.0058	-0.0130	0.1144***	0.0003	0.0049	0.1496***	-0.0463*	1

注：1. 对数。

*** 为在 1% 的显著水平下显著，** 为在 5% 的显著水平下显著，* 为在 10% 的显著水平下显著。

表 3-7　　高、低创新资本对 IPO 抑价的单变量分析

Variables	Group by R&D	N	Mean	High - Low	T - value	P - value
Panel A: A comparative result in terms of high and low R&D investments						
UP1	High	412	0.3921	0.0606	1.8769	0.0609 *
	Low	412	0.3315			
UP2	High	266	1.4790	0.2100	4.4211	0.0000 ***
	Low	266	1.2690			
HM	High	266	31.3811	3.0667	3.9289	0.0001 ***
	Low	266	28.3144			
Panel B: A comparative result in terms of high and low logarithm of Patents						
Variables	Group by (Patents + 1)[1]	N	Mean	High - Low	T - value	P - value
UP1	High	383	0.3157	-0.0862	-2.1205	0.0343 **
	Low	441	0.4019			
UP2	High	252	1.2801	-0.1785	-2.6451	0.0084 ***
	Low	280	1.4586			
HM	High	252	27.9801	-3.5485	-2.3070	0.0214 **
	Low	280	31.5286			

注：1. 对数。

*** 为在 1% 的显著水平下显著，** 为在 5% 的显著水平下显著，* 为在 10% 的显著水平下显著。

3.7.3　实证分析

3.7.3.1　创新能力

（1）创新投入与 IPO 抑价：表 3-8 考察了 IPO 前上市公司创新投入能力对 IPO 抑价程度的影响。与我们的预测一致，模型 1 至 6 的结果表明，企业更多的创新投入（R&D 强度）会使得 IPO 抑价（UP1、UP2）的程度分别在 10% 和 1% 显著水平下正向相关。结果支持了我们的 H_{1a} 假说，表明在 IPO 之前研发资金越多的 IPO 公司，产生的信息不对称就越多，从而导致 IPO 上市时的抑价程度也越高。

（2）创新产出与 IPO 抑价：从创新产出的角度来看，表 3-8 中的模

型 1 至 6 表明，在 2009 ~ 2012 年和 2014 ~ 2016 年期间上市的 IPO 之前具有较大创新产出（专利）的企业，其 IPO 抑价程度分别在 10% 和 1% 水平下显著。这个结果与 H_{2a} 一致，表明具有更多专利的 IPO 公司将获得较低水平的 IPO 抑价。这一发现也表明，有创新能力的 IPO 公司其创新产出能力（专利）可以向市场发出积极的信号。因此可以有效地减少 IPO 公司 R&D 投资的信息不对称，从而降低了 IPO 抑价程度。因此，发行人更愿意在企业上市前在招股说明书中公布创新成果（如：专利和专利申请），这有助于投资者正确地认识和评估企业的价值以及有效降低上市成本。

（3）创新能力和 IPO 蜜月期：另外，模型 7 至 9 的结果显示，创新投入与 IPO 蜜月期在 1% 的水平下显著正相关，因此，公司创新投入越多，蜜月期就越长。与创新投入不同的是，创新产出专利的数量与 IPO 蜜月期在 1% 的显著性水平下呈负相关关系，表明 IPO 之前拥有较多专利的企业在 IPO 后其蜜月期较短。这些结果与 H_{2a} 和 H_{2b} 假设的预期一致。

3.7.3.2 控制变量

此外，从控制变量来看，风险投资对 IPO 抑价有积极的影响。然而，除了模型 4 中，风险投资对 IPO 抑价在 10% 的显著水平下正相关以外，我们并未发现这两者之间在常规水平上有任何统计意义，本书与张学勇和张叶青（2016）的研究结果不同，我们发现风险投资并没有对企业在 IPO 市场上的短期市场表现有显著的影响。受风险投资影响的企业大多数为创业板上市的公司，本书以整个 A 股市场的数据作为研究对象进行分析，可以看出风险投资对整体 A 股市场上市企业的短期抑价表现的正向影响是不稳定的；其次，承销商声誉对 IPO 抑价也有积极的影响，但在所有模型中的统计数据显示也并不显著。在进行数据收集的过程中，我们发现大多数企业在上市时选择的承销商不止一个，因此，承销商的声誉对企业在进行 IPO 时的影响作用也就因此而变得多样化，由于本书并不是探讨这一研究问题，因此不再做详述。企业规模（Asset）在 1% 的显著性水平下对 IPO 抑价率和蜜月期都具有正向影响。而总融资额（Proceed）对 IPO 抑价和蜜月期在 1% 的显著性水平下呈负向影响关系。更重要的是，两个样本期的首日换手率和公司中签率对 IPO 抑价和蜜月期的影响是截然不同的。首先，从第一天的换手率来看，模型 1 到模型 3 的结果表明，首日换手率对 2009 ~2012 年在 1% 的显著性水平下对 IPO 抑价具有正向影响，然而在 2014 ~2016 年期间，当首日回报上涨幅度被限制在 44% 以内时，首日换手率对 IPO 抑价和蜜月期没有显著影响。这一发现也表明，中国 IPO 市场的首日表现无法完全解释 2014 年以后 IPO 抑价的极端现象。此外，从中签率来看，我们发现中签率对 2009 ~2012 年的 IPO 抑价没有任何显著的影响。但是，这个变量的系数是正向的。对于 2014 ~2016 年的样本，模型 4 到模型 9 的研究结果显示，中签率与 IPO 抑价和蜜月期在 1% 的显著性水平下呈负相关。这一发现表明，中签率越低，IPO 抑价的增长就越高。换言之，中签率越高，例如大盘股，股价上涨的幅度就越小。所以，如果我们把新股看作一个大蛋糕，包括机构和个人投资者在内的市场参与者将在市场上共同分享这个蛋糕。而且，作为投资者，他们的欲望越大，他们得到这个蛋糕的几率就越低。因此，投资者预期越高，IPO 抑价率预期就会越高。

除此之外，在模型 1 到模型 9 中，为了确保数据和模型是否存在多重共线性的问题，我们同时进行了多重共线性的检验，其结果表明，所有变量的方差膨胀因子（VIF）都小于 3，且平均 VIF 均小于 2，证明回归结果不受多重共线性的影响。

3.7.3.3 产业政策

（1）2009 ~2013 年期间。

其一，创新投入（R&D 强度）。为了检验微观结构中公司和产业与中国政府的宏观政策之间的关系，我们在表 3 -9 中构建了 9 个模型。根据我们之前提出的假设，我们预计产业政策将成为创新投入对 IPO 抑价之间的调节者。第一个分析基于表 3 -9 中的模型 2 和模型 3，模型 2 和模型 3 的回归结果显示，在 2013 年之前这两个模型当中的研发投入与产业政策的交互项对 IPO 抑价的作用分别在 1% 和 5% 的显著性水平下呈正相关。这一结果支持了假设 H_{3a}，说明中国的产业政策在 2009 ~2012 年期间加强了企业创新投入（R&D 投资）对 IPO 抑价的正面影响。

这一单元主要用来对模型进行单独检验。表 3 -9 中模型 2 的应用表明，在 1% 的显著性水平下研发与产业政策之间的相互作用具有显著的影响。这意味着研发投入对 IPO 抑价率的影响因产业政策水平的不同而不同。因此，假设对于没有产业政策支持的两家 IPO 公司，在 IPO 前有研究开发强度大 0. 1 个单位的这家公司在上市时比另外一家研发投入强度较小的公司预期可以获得 0. 85% 个单位的更高的 IPO 抑价率。然而，对于在产业政策支持下的两家企业来说，IPO 前研发强度大 0. 1 个单位的公司上市时的抑价率要比研发投入强度小的企业高出 18. 04% 的 IPO 抑价率。因此，如果一家 IPO 公司是属于在产业政策支持下的行业，那么研发投资对抑价的效应就不同了。另外，表 3 -9 中模型 2 的结果表明，单独地看研发强度系数在模型中时，其结果却并不显著，这意味着当公司没有产业政策支持时，研发投资对 IPO 抑价的影响不显著。因此，产业政策对 R&D 投入和 IPO 抑价程度之间的关系具有调节作用。在图 3 -3（2）中的结果，进一步解释了这种调节效应，即支持产业政策的 IPO 公司的 R&D 投资对其 IPO 抑价会产生更大的积极影响。从表 3 -9 还可以清楚地看出，产业政策对研发投资与 IPO 抑价之间的关系在 1% 的显著性水平下具有正向调节作用。

其二，创新产出（Patents）。模型 1 和模型 3 显示了产业政策对创新产出与 IPO 抑价之间的关系和影响。模型 1 和模型 3 中专利与产业政策的交互作用项分别在 1% 和 5% 的显著性水平下对 IPO 抑价率有负的影响。这一结论证实了 H_{4a}的假设，表明中国的产业政策强化了 A 股市场 2009 ~ 2012 年的上市企业创新产出与 IPO 抑价的负相关关系。

与表 3 -8 中模型 1 不同的是，表 3 -9 中模型 1 中的产业政策变量调节了创新产出对 IPO 抑价的影响。研究发现，在非产业政策的情况下，在 IPO 之前拥有多 1 个单位专利的公司在上市时预计会比专利数少的公司上市时的抑价率低 2. 9% 的单位。然而，对于两个同时受到产业政策支持的公司来说，在 IPO 之前拥有多 1 个单位专利的公司在上市时预计比专利数较少的公司上市时的抑价率低 7. 1% 的单位。因此，产业政策的调节效应加大了创新产出对 IPO 抑价的负面影响。图 3 -3（1）以图形方式显示了

表 3-8　　创新资本对 IPO 抑价的回归结果

VARIABLES	UP1			UP2			HM		
	Model 1	Model 2	Model 3	Model 4	Model 5	Model 6	Model 7	Model 8	Model 9
(Patents + 1)[1]	-0.013*		-0.014*	-0.049***		-0.048***	-0.662***		-0.643***
	(0.083)		(0.085)	(0.000)		(0.000)	(0.002)		(0.002)
R&D		0.578*	0.631*		3.258***	3.232***		52.756***	52.402***
		(0.080)	(0.096)		(0.000)	(0.000)		(0.000)	(0.000)
VC	0.014	0.011	0.011	0.066*	0.036	0.049	0.774	0.320	0.497
	(0.512)	(0.618)	(0.621)	(0.078)	(0.323)	(0.171)	(0.263)	(0.633)	(0.456)
Asset[1]	0.076***	0.078***	0.083***	0.054**	0.106***	0.117***	1.379***	2.252***	2.395***
	(0.000)	(0.000)	(0.000)	(0.027)	(0.000)	(0.000)	(0.002)	(0.000)	(0.000)
Turnover	0.827***	0.825***	0.820***	-0.063	-0.009	0.035	-6.729	-5.725	-5.140
	(0.000)	(0.000)	(0.000)	(0.814)	(0.973)	(0.892)	(0.176)	(0.236)	(0.284)
Lottery	0.292	0.321	0.270	-36.063***	-36.956***	-37.882***	-419.572***	-436.614***	-449.071***
	(0.436)	(0.390)	(0.471)	(0.000)	(0.000)	(0.000)	(0.000)	(0.000)	(0.000)
Proceed[1]	-0.201***	-0.208***	-0.207***	-0.316***	-0.362***	-0.352***	-5.604***	-6.327***	-6.186***
	(0.000)	(0.000)	(0.000)	(0.000)	(0.000)	(0.000)	(0.000)	(0.000)	(0.000)
Age[1]	0.042**	0.044**	0.044**	-0.087**	-0.065*	-0.0623*	-1.282*	-0.924	-0.883
	(0.015)	(0.012)	(0.012)	(0.026)	(0.085)	(0.096)	(0.076)	(0.190)	(0.207)
UW	0.003	0.013	-0.003	0.032	0.024	0.026	0.764	0.638	0.669
	(0.895)	(0.943)	(0.890)	(0.330)	(0.452)	(0.402)	(0.214)	(0.285)	(0.258)
Constant	2.408***	2.481***	2.388***	7.092***	6.598***	6.300***	121.375***	110.609***	108.537***
	(0.000)	(0.000)	(0.000)	(0.000)	(0.000)	(0.000)	(0.000)	(0.000)	(0.000)
Mean VIF	1.81	1.81	1.81	1.67	1.67	1.67	1.78	1.78	1.78
Observations	824	824	824	532	532	532	532	532	532
R - squared	0.536	0.536	0.538	0.552	0.579	0.594	0.439	0.470	0.479
Industry	YES	YES	YES	YES	YES	YES	YES	YES	YES
Year	YES	YES	YES	YES	YES	YES	YES	YES	YES

注：1. 对数。

括号内为 P 值。

*** 为在 1% 的显著水平下显著，** 为在 5% 的显著水平下显著，* 为在 10% 的显著水平下显著。

表 3-9　产业政策影响下创新资本对 IPO 抑价的回归结果

VARIABLES	UP1			UP2			HM		
	Model 1	Model 2	Model 3	Model 4	Model 5	Model 6	Model 7	Model 8	Model 9
(Patents + 1)[1]	-0.029***		-0.027***	-0.051***		-0.052***	-0.664***		-0.693***
	(0.001)		(0.003)	(0.000)		(0.000)	(0.006)		(0.004)
(Patents + 1)[1] × IP	-0.042***		-0.038**	-0.026		-0.001	-0.497		-0.085
	(0.009)		(0.017)	(0.352)		(0.991)	(0.329)		(0.866)
R&D		0.085	0.124		3.396***	3.488***		56.072***	57.010***
		(0.819)	(0.738)		(0.000)	(0.000)		(0.000)	(0.000)
R&D × IP		1.719***	1.388**		-0.729	-1.539		-14.216	-24.789
		(0.006)	(0.026)		(0.565)	(0.223)		(0.546)	(0.296)
IP	0.174***	0.160***	0.173***	0.143***	0.010	0.029	2.192***	0.053	0.333
	(0.000)	(0.000)	(0.000)	(0.000)	(0.813)	(0.502)	(0.002)	(0.948)	(0.685)
VC	0.009	0.011	0.009	0.060	0.035	0.049	0.682	0.320	0.509
	(0.665)	(0.609)	(0.676)	(0.106)	(0.328)	(0.167)	(0.320)	(0.634)	(0.447)
Asset[1]	0.089***	0.075***	0.089***	0.068***	0.108***	0.123***	1.586***	2.296***	2.486***
	(0.000)	(0.000)	(0.000)	(0.006)	(0.000)	(0.000)	(0.001)	(0.000)	(0.000)
Turnover	0.695***	0.715***	0.688***	-0.036	0.009	0.077	-6.416	-5.418	-4.586
	(0.000)	(0.000)	(0.000)	(0.894)	(0.974)	(0.767)	(0.196)	(0.265)	(0.345)
Lottery	0.301	0.379	0.307	-33.481***	-37.509***	-38.994***	-378.432***	-450.183***	-468.179***
	(0.402)	(0.292)	(0.391)	(0.000)	(0.000)	(0.000)	(0.000)	(0.000)	(0.000)
Proceed[1]	-0.208***	-0.209***	-0.209***	-0.326***	-0.365***	-0.357***	-5.758***	-6.375***	-6.258***
	(0.000)	(0.000)	(0.000)	(0.000)	(0.000)	(0.000)	(0.000)	(0.000)	(0.000)
Age[1]	0.043**	0.043**	0.042**	-0.090**	-0.067*	-0.066*	-1.323*	-0.943	-0.924
	(0.010)	(0.010)	(0.011)	(0.020)	(0.080)	(0.080)	(0.066)	(0.183)	(0.188)
UW	-0.002	-0.002	-0.001	0.037	0.026	0.030	0.849	0.665	0.732
	(0.941)	(0.938)	(0.998)	(0.256)	(0.425)	(0.341)	(0.165)	(0.267)	(0.219)
Constant	2.403***	2.599***	2.395***	6.936***	6.604***	6.288***	118.713***	110.641***	108.099***
	(0.000)	(0.000)	(0.000)	(0.000)	(0.000)	(0.000)	(0.000)	(0.000)	(0.000)
Observations	824	824	824	532	532	532	532	532	532
R - squared	0.577	0.571	0.580	0.564	0.580	0.597	0.449	0.470	0.481
Industry	YES	YES	YES	YES	YES	YES	YES	YES	YES
Year	YES	YES	YES	YES	YES	YES	YES	YES	YES

注：1. 对数。
括号内为 P 值。
*** 为在 1% 的显著水平下显著，** 为在 5% 的显著水平下显著，* 为在 10% 的显著水平下显著。

这些变量之间的相关性，表明在上市之前专利数量较多的公司，其上市后的 IPO 抑价率较低。如果 IPO 公司是属于在产业政策的支持或激励下的行业，则这种负相关性将变得更大。

（2）2014 ~ 2016 年期间。

从表 3 – 9 中的模型 4 到模型 6，产业政策与两个创新变量的交互作用项对 IPO 抑价的效果不明显，表明产业政策的调节效应对企业创新资本与 IPO 抑价之间的关系在 2014 ~ 2016 年期间并没有显著影响。但是，模型 4 到模型 6 中两个创新变量与产业政策的交互作用项的符号与模型 1 到模型 3 的符号相同。基于这些结果，我们运用图 3 – 4 来说明 产业政策对企业创新资本和 IPO 抑价之间的关系的影响，以便更直观地了解其相关性。图 3 – 4 描述了与图 3 – 3 类似的预测，但是却无统计上的显著作用。

产业政策的这种不显著的调节作用同样也发生在模型 7 到模型 9 中 2014 ~ 2016 年期间样本的创新资本与 IPO 蜜月期之间的关系。为了说明在模型 7 到模型 9 中产业政策和创新投入或创新产出之间交互作用项的预测符号的正确性，我们还检测得到了图 3 – 5。图 3 – 5 中的趋势与图 3 – 4 中的趋势相似，表明 IPO 蜜月期是另一种形式的 IPO 抑价，在 2014 年之后的产业政策的作用下创新资本与 IPO 蜜月期也经历了类似的情况。因此，我们可以得出结论，在模式 4 到模型 9 中，产业政策对在这一时期的企业创新资本对 IPO 短期表现没有显著影响。

综上所述，尽管两个维度的企业创新资本对 IPO 抑价有不同的影响，但中国的产业政策在 2009 ~ 2012 年期间还是发挥了重要的作用。从创新投入的角度看，产业政策在一定程度上增强了创新投入对 IPO 抑价的正向影响，表明这一政策对企业短期 IPO 业绩的影响不尽如人意，并不能减弱企业上市之后的高抑价现象。从创新产出的角度来看，产业政策的实施似乎对降低 IPO 短期抑价表现具有良好的效果。但是，在 2014 年之后的几年里，产业政策是否仍然有效引起了非常大的争议。在这种情况下，我们试图从中国市场近几十年来的微观经济结构来解释。

中国经济的产业结构实际上发生了多次改革，最近发生的变化是在

2013 年。中国国家发展改革委员会（CNDRC）对于这一改革发布了新的指导方针，以此取代了 2005 年的旧指导方针。这一改革被视为是为了解决行业分类过宽泛、大部分行业范围不够明确的问题所必需的。新改革的行业分类加强了行业的范围，较以前更加严格。其结果是，一些曾经享受着产业政策激励的行业在 2013 年以后失去了产业政策的支持。然而，主要的问题在于这一行业改革无法与 2011 ~ 2015 年间实施的“十二五”规划的产业结构相结合对应，并且从现有的研究显示，也没有强有力的证据能支持表明产业政策会随着这个时期的新兴产业结构的升级而发生自我的调试和变化。因此，这个时期的产业政策是否有效是值得怀疑和商讨的。

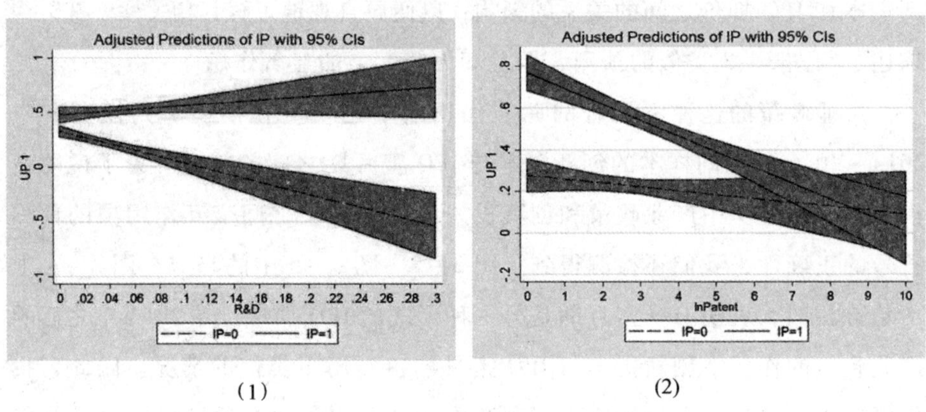

（1） (2)

图 3-3 产业政策对创新与 UP1 之间关系的调整预测

3.7.4 稳健性检验

为了检验我们研究结果的稳健性，我们使用前一年的研发投资强度和前两年的研发投资强度来代替创新变量，从而重新审视企业创新资本和 IPO 抑价之间的关联 。我们分别用 R&D_1 和 R&D_2 这两个变量来定义前一年的研发投资强度和前两年的研发投资强度。

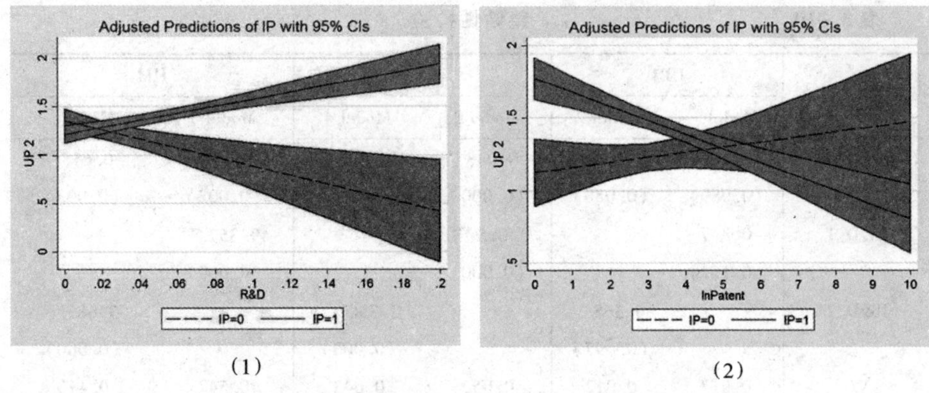

(1)　　(2)

图 3-4　产业政策对创新与 UP2 之间关系的调整预测

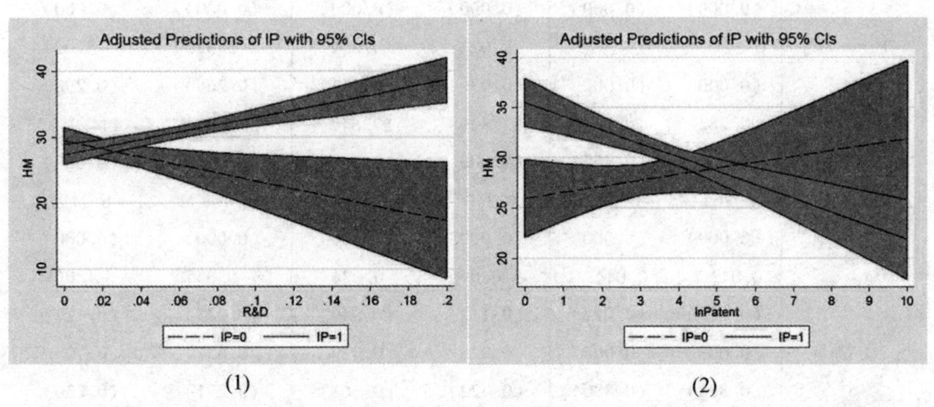

(1)　　(2)

图 3-5　产业政策对创新与 HM 之间关系的调整预测

表 3-10 的结果显示，R&D_1 和 R&D_2 的系数与 2009~2016 年的 IPO 抑价以及 2014~2016 年的 IPO 蜜月期呈正相关关系，但 R&D_1 系数在模型 1 中并没有显示出任何统计意义，而在模型 2 中 R&D_2 在 10% 的显著性水平下呈正相关性。模型 3 和模型 5 中的 R&D_1 系数与 IPO 抑价和 IPO 蜜月期均在 1% 水平下显著正相关。此外，模型 4 和模型 6 中 R&D_2 的系数也与 IPO 抑价和 IPO 蜜月期均在 1% 水平下显著正相关。表 3-10 中在 R&D_1 和 R&D_2 两个控制变量的作用下，专利系数的符号和显著性仍然没有变化，于是我们得出结论，模型中的回归结果是稳健的。

表 3-10 稳健性检验

VARIABLES	UP1		UP2		HM	
	Model 1	Model 2	Model 3	Model 4	Model 5	Model 6
(Patents+1)[1]	-0.013*	-0.014*	-0.048***	-0.046***	-0.652***	-0.618***
	(0.089)	(0.088)	(0.000)	(0.000)	(0.002)	(0.003)
R&D_1	0.337		3.025***		49.357***	
	(0.162)		(0.000)		(0.000)	
R&D_2		0.568*		3.350***		53.683***
		(0.097)		(0.000)		(0.000)
VC	0.013	0.012	0.052	0.043	0.547	0.413
	(0.555)	(0.600)	(0.144)	(0.226)	(0.412)	(0.538)
Asset[1]	0.080***	0.083***	0.115***	0.117***	2.371***	2.383***
	(0.000)	(0.000)	(0.000)	(0.000)	(0.000)	(0.000)
Turnover	0.825***	0.823***	0.023	0.044	-5.329	-5.009
	(0.000)	(0.000)	(0.930)	(0.864)	(0.266)	(0.298)
Lottery	0.282	0.273	-37.829***	-37.647***	-448.388***	-444.952***
	(0.452)	(0.465)	(0.000)	(0.000)	(0.000)	(0.000)
Proceed[1]	-0.205***	-0.207***	-0.350***	-0.354***	-6.163***	-6.219***
	(0.000)	(0.000)	(0.000)	(0.000)	(0.000)	(0.000)
Age[1]	0.043**	0.044**	-0.060	-0.074**	-0.835	-1.069
	(0.013)	(0.012)	(0.112)	(0.049)	(0.233)	(0.127)
UW	0.003	0.003	0.025	0.029	0.651	0.703
	(0.883)	(0.880)	(0.422)	(0.368)	(0.271)	(0.236)
Constant	2.391***	2.385***	6.309***	6.373***	108.598***	109.864***
	(0.000)	(0.000)	(0.000)	(0.000)	(0.000)	(0.000)
Observations	824	824	532	532	532	532
R-squared	0.537	0.537	0.594	0.592	0.480	0.477
Industry	YES	YES	YES	YES	YES	YES
Year	YES	YES	YES	YES	YES	YES

注：1. 对数。

括号内为 P 值。

*** 为在 1% 的显著水平下显著，** 为在 5% 的显著水平下显著，* 为在 10% 的显著水平下显著。

3.8 本章小结

为了实现成为一个创新型大国的梦想，中国需要培养更多的具有创新力和竞争力的公司。创新提高了全要素生产率（TFP）和中长期经济增长。近年来中国通过产业政策积极地推动了企业创新能力和产业结构的优化。中国也试图通过实施 IPO 价格限制政策来提高股票市场的资源配置效率。政府一直特别关注 IPO 抑价水平过高的问题，且这也成为我国发展成为更有效金融市场的潜在风险。本章探讨了 2009～2016 年期间，在中国政府产业政策影响下，两个维度的企业创新能力对中国 IPO 市场的影响，研究了中国 IPO 市场 IPO 高抑价的现象。我们还由此检验了宏观经济政策与微观经济体制之间的关联，也就是通过检测产业政策下企业创新对 IPO 抑价或者 IPO 蜜月期之间关系的影响，从而来确认和分析中国产业政策对 IPO 市场的有效性。

我们的主要研究结果如下：首先，从创新投入的角度来看，认为研发投入是信息不对称性和不确定性的主要来源，极大可能导致上市公司的 IPO 抑价程度高、IPO 蜜月期长的异象问题。另外，公司在 IPO 之前投资于研发资本的比例越高，其 IPO 抑价率就会越高，并且 IPO 蜜月期也会越长。

其次，从创新成果来看，绝大多数 IPO 公司更倾向于披露其创新专有信息，特别是专利数量和申请数，向市场发出企业具有高创新能力的信号，使其 IPO 成功。另外，作为这种体现创新产出能力的专利数量可以由此缓解企业的信息不对称性，并向市场发出积极信号，这样有助于投资者正确认识和评估公司的价值。所以新发行人所拥有的创新产出越高，其 IPO 抑价率越低，IPO 蜜月期也就越短。

最后，产业政策作为政府干预市场经济的“看得见的手”，在 2014 年之前，产业政策对企业创新资本的投融资与其 IPO 短期绩效之间的关系产生了深刻的影响。在中国产业政策的激励下，公司 IPO 前的创新投入对其

IPO 抑价和 IPO 蜜月期的正面影响将更大。同时，产业政策可以加强企业 IPO 前创新成果与其 IPO 抑价或 IPO 蜜月期的负相关关系。比较产业政策环境下两个不同维度的创新资本对其 IPO 短期业绩的影响：首先，就 2014 年以前的产业政策而言，创新投入对 IPO 抑价的正向影响大于创新产出对 IPO 抑价的负面影响。这样来看，产业政策的作用在 2014 年以前就已经被认为是中国 IPO 市场中相对重要的宏观经济因素，这在以前的研究中是被忽略的部分。其次，由于 2014 年以后新的产业结构改革，研究结果显示在产业政策下，企业创新资本与其 IPO 抑价效应并不显著，表明过去享受政策激励的行业失去了产业政策的支持。

从之前的分析来看，产业政策的有效性在一定程度上取决于政府的执行力。产业政策需由政府和有关部门随着产业结构的升级有所调整。一项成功的产业政策应有助于提升不同行业资源配置效率以及促进产品市场的发展（林毅夫，2016）。然而，中国作为一个新兴市场，在提高自由市场上产业政策效率方面的经验有所不足，从而使得产业政策在市场内的落实并不成熟。因此，随着资本市场的快速发展，备受争议的产业政策应经过深思熟虑之后才应得以实施，并且应当随着时间的推移而有所改善和调整，以便有效地将不同行业的资源分配到各个相应的产品市场，从而改善信息在 IPO 市场的不对称性。换句话说，也就是所有受益方都参与进来制定产业政策的有效过程。政府应根据不断变化的市场环境来制定产业政策。

综上所述，本章研究表明，两个维度的企业创新能力对 IPO 抑价具有显著的影响。这些研究结果还扩大了信息不对称理论对 IPO 抑价现象的解释和运用，有助于大众正确地理解新兴资本市场上创新型企业 IPO 抑价的形成机制和我国产业政策的有效性。

4. 企业创新对 IPO 长期业绩的影响

在第 3 章，我们探讨了企业创新对 IPO 短期市场表现的影响。由此，我们可知 IPO 市场上现有的几大热点问题，不仅有 IPO 短期抑价，还有 IPO 长期弱势现象。从短期到长期的这个时间段的转变，其过程是每个企业在做出上市决策时不可避免的一条必经之路。企业上市后的市场表现，会根据 IPO 市场上不同环境和因素的影响随着时间的推移而改变。由此，企业创新对其在 IPO 市场上的短期市场表现，会根据市场环境的演变以及新股上市后时间的增加而产生截然不同的影响及作用。通过 IPO 短期市场的表现，我们进一步将企业上市后的时间线逐渐拉长，以此来更深入地探究企业上市前创新对企业在 IPO 市场上的长期市场表现的影响和作用。

4.1 引言

在资本市场上，一个行业内 IPO 公司之间的估值和市场表现都是不同的。高度创新的行业，如信息技术和生物技术行业的公司，由于其强大的创新能力，可能在市场上具有比较优势和更好的业绩。随着时间的推移，科技创新成为企业非常重要的竞争力。技术领先企业能发展垄断优势，在市场内也能获得较快增长和较高利润。因此，企业的创新能力是企业发展的重要基础。

创新影响着一级市场（IPO 抑价）和二级市场价格发现过程中的企业价值。创新最初可以引发更高的总体市场回报率（Hsu，2009），甚至导致在股票市场上出现“泡沫”（Pástor、Taylor 和 Veronesi，2009）。因此，当市场情况对它们有利时，公司选择上市。此外，创新活动和知识资本将使发行公司对投资者更具吸引力。因此，企业可能会决定上市以筹集资金，并获得比竞争对手更多的竞争优势（Maksimovic 和 Pichler，2001；Hsu 等，2010；Chod 和 Lyandres，2011）。最后，创新将意味着更多的投资机会（Chemmanur 和 Fulghieri，1999）。因此，企业会决定上市，以提高其未来的融资机会（Lowry，2003）。

首先，虽然现有的研究提供了许多创新可以影响新股发行短期表现的原因，但创新对 IPO 长期表现的影响较小，特别是在中国资本市场。此外，大多数以前的研究只使用一个代理变量来衡量 IPO 公司或特定行业的创新能力。例如，Eberhart、Maxwell 和 Siddique（2004）以及 Guo、Lev 和 Shi（2006）仅使用研发活动来测试在美国市场 IPO 的长期表现。Guo 和 Zhou（2016）的研究仅限于美国市场上的生物技术行业上的 IPO 公司。Chen 和 Xu（2015）运用创新投入和产出来检验中国生物制药行业上市股票的长期表现。因此，本章研究第一个动机是试图增加这一研究领域的文献和实证证据，扩展以往的研究，更全面地考察创新对中国上市后股票市场表现的长期影响。

其次，大多数研究通常把企业的创新资本（研发投资和专利）作为一个整体来考察股票市场的影响。例如，Chin 等（2006）利用研发支出和专利数量作为企业创新指标考察了创新资本对台湾市场上市表现的影响。Hirshleifer 等（2013）测度了由专利和研发组成的创新效率（IE）与美国股票收益之间的关系。此外，Guo 和 Zhou（2016）通过使用在研究样本中的研发费用、产品、专利和战略联盟，创造了企业创新能力的衡量标准，来探索它们对公司 IPO 后市场表现的影响。但是，与其他文献不同，早在 1995 年。Kelm 等就区分了企业的创新资本，他们指出，技术创新是一项非常复杂的工作。它将经历启动、失败、突破、新技术、专利、新产品促销等过程。研发投入是创新过程的输入，而不是结果。因此，为了区分创新对企业上市长期绩效的影响，与大多数现有研究不同，我们从创新投入（研发费用）和创新成果（专利数）两个角度对创新资本进行了研究，为研究这个问题提供了一个新的视角。

再次，与 Guo 等（2006）和张学勇和张叶青（2016）的研究不同。他们在研究中只考虑了创新资本的一个方面，我们从投入（R&D）和产出（专利）的两个维度构建创新资本，以检验对中国市场上企业 IPO 长期表现的影响。另外，中国市场对长期市场表现的研究起步较发达国家晚。而直到 2000 年才有学者开始研究中国股市 IPO 的长期表现。由此，学者们对中国 IPO 市场的长期表现开展了强烈的争论。本研究领域的研究分为两大类。一个是 IPO 长期表现不佳的情况，另一个是长期 IPO 股票表现强劲。为了检验中国市场的长期表现，我们的研究不仅在这方面得到了更多的证据，而且分别运用 CAPM 和 Fama – French 五因子模型来比较这两种创新资本对新股回报率的长期影响。

最后，为了进一步提供综合分析和更多的证据，我们首先利用 Fama – French 五因子模型，通过将创新资本分为无、低、高三个不同的层次，来分析新兴市场创新与 IPO 长期表现之间的关系。与此同时，我们通过五因子模型，为我国 IPO 后市场业绩的研究提供更多的技术分析和证据。尽管该模型被许多学者质疑是否可以广泛适用于新兴市场（赵胜民、闫红蕾和张凯，2016；李志冰等，2017；宋光辉等，2017），我们将以中国特色社会主义新时代环境为背景对此进一步做出解释和分析。此外，我们还完善了五因子模型分析，通过设置不同的三个层次的创新来检验创新与 IPO 长期表现之间的统计关系。此外，与以往文献相比，我们分别从两个不同的创新维度——创新投入和创新成果——设置了一个综合的 OLS 线性回归来分别检验创新对 IPO 长期表现的影响。结果显示，这两种不同类型的企业创新资本对股票长期表现产生了截然相反的影响，同时证明了这种影响随时间而变化。

本章研究的其余部分分为以下几个小节：4.2 介绍了本章研究的理论框架和假设。4.3 是 Fama – French 五因子模型的数据选择和方法。4.4 提供了变量定义和回归模型。4.6 结合 4.4 的内容，对创新在企业 IPO 后长期的市场表现进行了进一步的实证研究。4.6 展示了研究的回归结果和分析。4.7 总结了这一章研究的主要结论，并讨论了其局限性和进一步的研究前景。

4.2 理论框架和假设发展

4.2.1 IPO 的长期表现

越来越多的研究显示新股长期表现不佳的现象（Ritter，1991；Loughran 和 Ritter，1995）。Curley 和 Stoll（1970）是第一个从长期角度研究 IPO 市场表现的人。他们从美国资本市场中选取了 205 只小盘股作为样本，发现新上市的股票经历了短期的低估抑价以及 IPO 后的长期低迷。Ritter 和 Welch（2002）从 1980~2001 年使用了 6249 个美国上市公司的样本，并且报告了从发行日期之后 3 年的持有收益率（BHR）为 22.6%。然而，经过市场指数调整后的持平异常收益率（BHAR）则为 -23.4%。一些金融理论也被用来说明 IPO 的长期表现不佳。例如，意见分歧假设，“乐队经理”假设①，“机会之窗”假设②和盈余管理假设③。

还有一些学者认为他们的研究并不支持 IPO 长期表现不佳的假设。例如，Brav 和 Gompers（1997）发现，新上市公司以 BM（账面市值比）为参考数据分类得到，公司的市场加权平均收益率没有长期弱势的表现。Brav 等（2000）在 1975~1992 年在美国股票市场上测试了 4622 家上市公司的长期表现，除了小型上市公司以外，并没有发现长期表现弱势的证据。此外，Gompers 和 Lemer（2003）进一步采用了 1935~1972 年间 3661 家美国上市公司的样本，通过使用等权 CAR、BHAR 方法和 Fama - French

---

① “乐队经理”假设：新股的发行市场就是一个流行的趋势。为了鼓励投资者购买新股，券商会把这些新股出售打包成一个好的“事件”，就像乐队进行表演一样。

② “机会之窗”假设：投资者情绪在企业估值中起着重要作用，进而影响企业 IPO 活动而导致 IPO 抑价现象。

③ 盈余管理假设：公司可以用一些特殊方法对外来展示公司的不真实的财务状况、经营成果和现金流。

五因子模型来测试其长期表现。他们的研究也没有发现在美国市场 IPO 长期表现不佳的证据。

与美国股票市场类似，许多学者对中国股票市场 IPO 长期表现的研究结果存在争议，并被分为两派：一部分研究发现中国股市没有 IPO 长期表现不佳的情况，另一部分则找到了 IPO 长期表现不佳的证据。例如，王美今和张松（2000）在 1996～1997 年在上海证券交易所采用了 110 个新上市公司的样本来研究中国股票市场上市公司的长期表现。他们发现新上市股票的回报率在上市后 6 个月内表现不佳，却在这之后的 6 个月内跑赢大盘。且在 1 年后，新上市公司的回报率远超过市场表现。总体而言，他们没有发现在中国股市长期表现不佳的证据。在另一项研究中，杨丹和林茂（2006）从 1995～2006 年的 A 股市场的 774 样本中调查了中国股票市场上市公司 IPO 股票的长期表现。他们的实证结果显示了 IPO 长期表现为强势而不是弱势表现。这些结果是基于 CAPM 与 Fama－French 三因子模型所得到的有力证明。

然而，在王春峰和罗建春（2002）的研究中，他们得到的结论与新上市司长期表现良好的假设相矛盾。他们利用 1997～1998 年的 165 个样本调查了中国 A 股市场上市新股的三年市场表现。在剔除了首月 IPO 抑价的影响之后，一年期收益的结果表明，第一年的股票市场表现逊于市场回报。第二年和第三年的累计超额收益，特别是第三年累计超额收益，也低于市场收益。另外，李蕴玮等（2002）运用市场价值加权法研究了 1994～1997 年沪深两市 542 家上市股票的三年累计超额收益，结果显示，样本长期回报为－22.85%。且长期来看，小盘股表现略好于大盘股。但随着企业资本规模的增长，企业的长期绩效也越来越差。杜俊涛等（2003）采用 Fama-French 三因子模型研究了上海证券交易所 71 只 IPO 股票的五年回报。他们发现新股上市表现不佳，且这种表现持续至 IPO 后五年。因此，我们的研究是针对中国 A 股市场的。为了验证长期 IPO 市场表现，我们应用了 2009～2016 年之间新上市股票五年的超额收益来研究。

4.2.2 企业创新对上市公司长期市场表现的影响

从长期表现来看，上市后企业的市场竞争更加激烈。专利和其他技术创新等核心创新成为上市公司提高市场竞争力的重要来源。因此，上市公司必须对其创新能力进行衡量，然后探索创新对上市公司长期绩效的影响。通过这样，企业可以在 IPO 之后改善经营和市场表现。近年来，学者们开始关注研发投入和专利数量来衡量企业的创新能力，从而检验创新对 IPO 长期表现的影响（Chin 等，2006；Chen 和 Xu，2015）。根据以往的研究，研发投入（创新投入）和专利数（创新成果）是企业创新资本的两个不同维度。与现有文献不同的是，我们从这两个创新资本的角度来研究了企业创新对新兴市场 IPO 长期表现的影响。

4.2.2.1 创新投入对 IPO 长期表现的影响

以前的研究已经认识到创新对企业价值的积极影响。虽然创新活动比拥有固定和有形资产（如工厂、房地产和设备，即 PP&E）会创造更高风险的未来利润，然而，对于任何给定的风险水平，具有更多创新资本的公司希望获得更大的回报，尤其相比于那些进行不可靠的或非创新活动的公司（Balkin 等，2000）。所以，拥有实质性创新的企业更愿意在研发上传播成功的消息。因此，投资者会越来越意识到公司的真正价值，从而更新他们对公司的评估。

对于创新投入（研究与开发），大多数学者把研究与开发活动的股票市场价值作为企业的无形资产。Chan 等（2001）和 Eberhart 等（2004）证明，研发可能伴随着更大程度的不确定性和信息不对称性，导致市场低估了研发投资的预期利润。在 Guo 等（2006）关于 R&D 对 IPO 市场影响的研究中，他们使用了 1980 ~ 1995 年间来自美国市场的 2696 个 IPO 的样本，发现发行人的研发活动是具有信息不对称性的，这对 IPO 的抑价和长期表现都有显著的影响。与大多数美国股市研究一样，他们发现研发活动与 IPO 长期表现之间存在正相关关系。但是，一些研究人员的辩论与他们的发现相矛盾。例如，Balatbat（2006）详细讨论了 Guo 等（2006）的研究缺陷，认为上市前研发活动不能完全被视为公司未来价值的资本化资产。在 GLS 的研究中，他们没有将资本化的 R&D 和费用化 R&D 与 R&D 活动区分开来，而是假设所有 IPO 公司都依赖现有的 R&D 活动作为未来价值的来源。因此，有争议的结果使人怀疑研发活动对 IPO 长期表现的积极影响是否能在新兴市场取得成效。

另外，与美国相比，中国有自己的公司治理设置和关于研发的会计规则。2006 年，中国颁布了新的会计准则（CAS）。规定只有用于销售和资产的技术和商业可行性的支出才能被视为资本化研究支出和发展支出。如果 R&D 项目没有达到或不符合公司董事会的要求，R&D 分配的预算应该被视为支出而不是资本（Wang 和 Fan，2014）。因此，在新的会计准则下，发行人在 IPO 招股说明书或财务资产负债表上不会被强迫公开披露其公司的 R&D，这意味着管理者可能有机会选择研发活动的报告方式和方法。这极大地降低了招股说明书中 IPO 上市公司研发活动对大众的信息确切程度，使得投资者无法从公司 IPO 招股说明书中获取研发活动的真实价值，从而导致 IPO 市场信息不对称，甚至造成 IPO 抑价现象（Barth 等，2001；徐欣、夏芸和李春涛，2016）。尽管，IPO 招股说明书中的自愿披露其研发能够使投资者对公司股票收益在短期内持乐观态度，并导致更大程度的 IPO 市场的抑价，但在招股说明书中的研发投资被认为是对创新项目和活动的费用型支出，它们是否可以在长期的市场运营中获得成功进而转化为公司的资本是非常有争议的。此外，由于投资者对市场的短期过度乐观情绪下降，上市前研发活动的可用信息水平上升，新上市股票的价格逐渐回归到其真实的长期价值（“机会之窗”；Ritter，1991）。因此，基于上述分析，我们提出了以下假设：

H_1：创新投入（研发支出）与 IPO 公司的长期市场表现呈负相关。

4.2.2.2 创新产出对 IPO 长期表现的影响

与创新投入（研发投入）的测量检验不同，我们用专利作为创新产出的衡量标准。这是企业创新过程中的重要创新成果之一。具有高 R&D 投资的公司的 IPO 长期表现可能与具有丰富的专利数的那些企业有着显著不同的表现。1990 年，Griliches 首先指出，专利是作为企业创新质量和水平的最基本和直接的衡量标准，是知识产权市场上具有实际价值的物化成果。此外，专利数量标志着公司创新投资产出的质量水平。根据 Lemley（2001）的说法，专利标志着公司在其发展的某个阶段管理良好并且引领着市场。因此，在现有文献的基础上，专利被公认为是企业发展的积极信号。

此外，在 IPO 市场上，拥有更多专利的公司更倾向于将 IPO 视为融资成长策略的一种方法，因为新产品或服务更有可能为公司带来多余的股票回报（Chaney 等，1991）。Lev 和 Sougiannis（1999）的研究也得出结论，创新资本对企业股票收益具有显著的正向影响。在另一项关于英国市场的研究中，Bloom 和 Reenen（2002）认为，拥有专利的公司将对其生产效率和市场价值产生显著的正面影响。证据还表明，专利是对 IPOs 未来表现的有效预测指标，因为具有较高专利的企业往往具有更好的未来市场价值和股票收益（Hirshleifer 等，2013）。近年来，Chin 等（2006）发现，拥有更多专利的公司在股票市场上的表现胜过专利不多或更少的公司。由于具有较强创新能力的企业相对于没有创新能力或创新能力较弱的企业具有比较优势，其长期绩效将更具竞争力，这一点也反映在其企业股票的回报上（Cao 等，2015）。Meoli（2012）也坚持认为，企业可以利用这些专利来展示 IPO 公司的价值，并吸引投资者从而获得更高的估值。即使在 IPO 之后，拥有更多专利的公司实际上对投资者也更具吸引力。因此，我们根据以下假设来检验这个期望：

H_2：创新产出（专利数量）与 IPO 公司的长期市场表现呈正相关。

4.3 数据和方法

4.3.1 数据选择

为了测试 IPO 长期市场表现，我们将利用事件研究方法和横截面数据，且这些数据通常用于检验金融市场上特定的经济事件对企业价值的影响。基本原则是，当市场信息有效和合理时，这个事件的影响将立即反映在股票价格中。由此，这个事件的经济影响可以通过观察股票价格的变化来确定。由于经济事件在我们的研究中被指定为 IPO 事件，因此公司的价值是通过股票价格的长期异常收益来衡量的（Fama 等，1969；Ritter，1991）。因此，我们根据现有的文献，包括买入持有收益率（原始回报率和市场调整后的超额收益率），月度平均收益率（原始回报率和市场调整后的超额收益率），CAPM alphas 和 Fama - French（2015）五因子模型来检验在 IPO 事件发生 2 个月后开始计算的 6、12、24、36、48 和 60 个月的股票市场表现，值得注意的是，企业在 IPO 后的前 2 个月，由于其市场表现因投资者情绪的高涨而产生 IPO 短期抑价和 IPO 蜜月期的现象。因此，本章研究根据第 3 章中的 IPO 蜜月期的统计和分析，将剔除企业在 IPO 后前 2 个月的市场数据，即从企业上市后的第 3 个月开始计算其 IPO 长期市场表现。

我们选择在深圳和上海两个证券交易所上市的中国 A 股市场的数据为研究样本。首先，我们的样本包括了 2009 年 1 月 1 日 ~2016 年 12 月 31 日期间上市的公司。基于以前的研究，我们从 CSMAR 数据库和 RESSET 数据库收集了 IPO 公司的 96 个月的月度股票收益。公司首次公开募股事件一般被认为是伴随着 IPO 短期抑价和上市后长期表现不佳的现象。为了消除短期内新上市股票价格异常的市场行为的影响，IPO 后头 2 个月股票的所有回报都不包括在我们的样本中。IPO 公司的财务数据来源于 RESSET 数据库，包括 IPO 年度、发行价格、账面市值比（B/M）等。另外，本章研究的回归数据来自 CSMAR 数据库。

其次，根据之前的研究①，我们运用第 3 章提到的 2 个创新指数来表示企业创新的结果和投入，即通过人工收集招股说明书中 IPO 前的公司的

① Chin 等（2006），Guo 等（2006），Chen 和 Xu（2015）以及张学勇和张叶青（2016）的研究。

专利数量（创新产出）和研发强度（创新投入）来衡量创新指标。同时，我们从原始样本中删除了没有招股说明书的上市公司。进一步地，我们将样本分别用 IPO 公司的创新投入和创新产出的中间值进行分组研究。对于创新投入，企业被分成低 R&D、高 R&D、无 R&D 组。对于创新成果，我们的子样本包括低专利、高专利和无专利组以此来分类讨论。

4.3.2 模型分析

4.3.2.1 个股月度买入和持有收益

我们采用的事件研究方法计算了 IPO 企业的长期异常收益率，主要是买入持有超额收益（BHAR）。与累积超额收益（CAR）方法相比，Barber 和 Lyon（1997）认为 BHAR 代表了一个更符合投资者实际投资经验的买入和持有策略。自 Ritter（1991）研究以来，BHAR 方法逐渐成为衡量 IPO 公司长期市场表现的常用方法。因此，根据 Ritter（1991）、Loughran 和 Ritter（1995）以及 Brav 和 Gompers（1997）的研究，我们首先计算持有期收益率，测量结果如下：

$$BHR_i = \prod_{t=1}^{T}(1 + R_{it}) \tag{4.3.1}$$

其中“R_{it}”是指事件月份“t”中企业“i”的原始回报率。总收益是根据从申购月份的交易日结束时的股票收盘价格的买入和持有原始回报（BHR）来衡量的。我们的持有时期包括 6、12、24、36、48 和 60 个月。

为了更客观地反映股票的长期表现，我们采用了买入和持有的市场调整后回报（BHAR）来衡量，按照以下公式得出：

$$BHAR_i = \prod_{t=1}^{T}(1 + R_{it}) - \prod_{t=1}^{T}(1 + MR_i) \tag{4.3.2}$$

其中“R_{it}”是事件月份“t”中公司“i”的原始回报率，“MR_t”是市场回报指标[①]。我们选取中国 A 股市场所有股票的等权平均收益作为市场的代理收益率。因为，我们假设，对于市场上的每一只 IPO 股票来说，

① A 股市场等权平均的市场月收益率，来自 RESSET 数据库。

投资者对每一只股票都有相等的投资概率。

4.3.2.2 样本投资组合的月度超额收益

超额收益（AR）也是研究 IPO 事件和股价的核心指标之一。它可以被估计为是实际股票收益与同期市场投资组合收益之差。这种模式的优点是可排除与市场收益波动相关的部分，从而减少了估计的偏差。

$$AR_{it} = R_{it} - MR_t \tag{4.3.3}$$

其中“R_{it}”是事件月份“t”中每家公司的原始回报，“MR_t”是市场的指标。为了消除特定股票的测量异质性，我们同时计算了事件窗口中每天的平均超额收益（AAR）。综合所有 N 股的超额收益，找出每个月“t”的平均超额收益。因此，我们将每月平均市场调整后的超额收益（AAR）估计为每个公司“i”的市场调整后回报的等重加权平均数：

$$AAR_t = \frac{1}{n}\sum_{i=1}^{n} AR_{it} \tag{4.3.4}$$

AAR 测量样本组合的月度总超额回报。在这一过程中，我们根据两种不同类型的创新资本（R&D 和专利），将样本分为三类（无、低和高）组合。

4.3.2.3 资本资产定价模型（CAPM）

1964 年，诺贝尔经济学奖获得者威廉·夏普（William Sharpe）首次引入资本资产定价模型（CAPM）来分析市场均衡的不确定性。我们用这个模型分别计算了公司首次公开募股后 6、12、24、36、48 和 60 个月的公司每月超额收益（α_i）。

$$R_{i,t} - R_{f,t} = \alpha_i + \beta_i (R_{m,t} - R_{f,t}) + e_{i,t} \tag{4.3.5}$$

其中“$R_{i,t} - R_{f,t}$”是在时间“t”超过无风险利率①的股票“i”的回报；“$R_{m,t} - R_{f,t}$”是市场风险溢价，来自于时间 t 的市场回报的价值加权组合，即市场价值加权月收益与无风险利率之差。

① 无风险利率来自 RESSET 数据库。

表 4-1　　上市公司平均收益率和超额收益率（R&D）

Months	Obs	R (average)	AAR	BHR	BHAR	CAPM alpha
Panel A IPO firms with No-R&D						
6 months	149	1.75%	-0.49%	102.40%	-2.59%	0.94%
12 months	125	-1.02%	-0.19%	102.96%	-6.07%	-0.15%
24 months	112	1.50%	-0.12%	114.49%	-3.83%	-0.57%
36 months	85	3.36%	-0.18%	178.23%	-13.45%	-1.08%
48 months	83	3.85%	-0.53%	262.80%	-19.76%	-1.09%
60 months	71	5.11%	-1.76%	271.72%	-35.20%	-1.29%
Panel B IPO firms with Low-R&D						
Months	Obs	R (average)	AAR	BHR	BHAR	CAPM alpha
6 months	647	-0.64%	-0.90%	101.69%	-3.65%	-0.20%
12 months	589	-1.66%	-0.42%	98.53%	-9.73%	-0.04%
24 months	529	0.83%	-0.12%	99.89%	-12.61%	-0.92%
36 months	428	3.75%	-0.33%	136.26%	-11.52%	-1.46%
48 months	412	4.55%	-1.05%	177.41%	-39.02%	-1.68%
60 months	363	4.91%	-2.43%	202.30%	-70.91%	-1.82%
Panel C IPO firms with High-R&D						
Months	Obs	R (average)	AAR	BHR	BHAR	CAPM alpha
6 months	642	0.65%	-0.26%	100.90%	-4.81%	0.45%
12 months	558	-1.06%	-0.87%	96.24%	-10.63%	-0.09%
24 months	499	0.57%	-0.08%	100.14%	-12.01%	-0.45%
36 months	405	2.04%	-1.01%	131.12%	-21.18%	-1.30%
48 months	378	2.31%	-1.83%	175.25%	-47.11%	-1.67%
60 months	328	2.78%	-3.61%	200.66%	-100.18%	-2.44%

表 4-2　　上市公司平均收益率和超额收益率（专利）

Months	Obs	R (average)	AAR	BHR	BHAR	CAPM alpha
Panel A IPO firms with No-Patent						
6 months	179	0.41%	-0.42%	99.26%	-3.29%	0.07%
12 months	155	-1.38%	-0.66%	95.92%	-10.19%	-0.89%
24 months	144	0.47%	-0.49%	100.01%	-10.52%	-0.46%
36 months	117	2.02%	-1.29%	149.58%	-12.79%	-0.84%
48 months	113	2.68%	-1.96%	207.67%	-20.08%	-1.20%
60 months	96	3.29%	-2.59%	229.44%	-76.16%	-3.29%

续表

Panel B IPO firms with Low – Patent						
Months	Obs	R（average）	AAR	BHR	BHAR	CAPM alpha
6 months	637	1.04%	-0.52%	102.84%	-4.44%	0.57%
12 months	586	-1.28%	-0.30%	101.05%	-4.37%	-0.25%
24 months	540	1.57%	-0.46%	110.57%	-8.51%	-0.39%
36 months	477	2.71%	-0.87%	156.03%	-8.81%	-1.25%
48 months	461	3.11%	-1.31%	214.99%	-18.61%	-1.98%
60 months	401	5.96%	-2.03%	232.90%	-71.37%	-2.14%
Panel C IPO firms with High – Patent						
Months	Obs	R（average）	AAR	BHR	BHAR	CAPM alpha
6 months	622	-1.04%	-0.11%	103.76%	-0.87%	-0.15%
12 months	531	0.53%	-0.16%	107.01%	-2.51%	-0.19%
24 months	456	2.27%	-0.39%	116.39%	-3.03%	-0.29%
36 months	324	4.44%	-0.56%	168.74%	-5.91%	-0.58%
48 months	299	4.89%	-0.64%	215.83%	-13.94%	-1.19%
60 months	265	6.22%	-1.05%	235.54%	-36.38%	-1.51%

表4-1中的初步结果显示，IPO公司的月平均回报率逐月下降。然而，IPO公司市场调整后的平均超额收益率（AAR）从上市后的6个月到60个月逐步下降。与市场调整后的异常收益类似，新股上市后的调整后买入持有超额收益率（BHAR）呈连续下降趋势。各组的CAPM的超额收益α还提供了进一步的证据，表明中国市场在60个月内遇到IPO长期表现不佳的现象。此外，从表4-1中的A面板到C面板来看，没有研发的上市公司在上市后期的长期表现要好于研发水平高的公司。

与创新投入相比，具有较高创新成果水平（专利数量）的上市公司在IPO之后的长期业绩表现要好于没有专利的公司的表现（见表4-2）。而且，从这2个表格来看，具有高或低创新产出的IPO公司的表现都优于高创新投入的公司。因此，表4-1和表4-2的结果表明，这两个不同的创新维度对上市后企业的长期绩效有截然相反的影响。总之，创新投入越高，IPO长期表现就越差。创新产出越高，上市长期表现越好。

4.4 Fama – French 五因子分析

4.4.1 Fama – French 五因子模型

Fama 和 French 在 1993 年提出了一个三因子模型，用以下公式来解释股票的预期横截面收益率：

$$R_{i,t} - R_{f,t} = \alpha_i + \beta_i(R_{m,t} - R_{f,t}) + s_i SMB_t + h_i HML_t + e_{i,t} \tag{4.4.1}$$

其中“$R_{i,t} - R_{f,t}$”是指新股“i”在“t”月的回报率减去无风险利率所得的差值。“$R_{m,t} - R_{f,t}$”是指“t”月的市场回报率[①]减去无风险利率所得的差值。“SMB_t”是指投资组合的回报，由小规模公司投资组合的收益与大规模公司投资组合的回报之间的差异构成。“HML_t”是投资组合的收益率，是由高账面市值比公司组合的收益率和低账面市值比公司组合收益率之间的差异衡量的。他们发现，小盘股和高账面市值比的股票获得了比市场上其他股票更高的收益。

2015 年，Fama 和 French 推出了改进三因子模型的五因子模型。在之前研究的基础上，他们断言除了前 3 个因素外，企业的盈利能力和投资能力也对企业的市场收益有一定的影响。因此，本章研究采用 Fama – French 五因子模型，按照以下公式对不同创新能力组合的 IPO 股票异常收益进行检验：

$$R_{i,t} - R_{f,t} = \alpha_i + \beta_i(R_{m,t} - R_{f,t}) + s_i SMB_t + h_i HML_t + r_i RMW_t + c_i CMA_t + e_{i,t} \tag{4.4.2}$$

两个新变量是“RMW_t”和“CMA_t”。“RMW_t”是通过强劲的盈利公司和弱的营运盈利公司之间的差异来计算而得的。“CMA_t”是通过保守投资的公司的组合回报减去激进投资公司的组合回报而形成的，这两者有望帮助破译 IPO 公司的股票收益（Lyandres 等，2008；Hou 等，2014；Fama

① A 股市场流通市值加权平均的市场月收益率，来自 RESSET 数据库。

和 French，2015）。我们将把这个模型应用于我们的样本数据，并找出回归的截点，以建立一个风险调整后的市场绩效指标。

4.4.2 样本投资组合分类

Fama - French（2015）五因子模型解释了不同投资组合的平均收益，包括通过公司的规模，B/M，盈利能力（OP）和投资（Inv）分组而得到的投资组合。在我们的研究中应用这个模型时，将每个 IPO 公司“i”的可交易市值视为“$Size_{it}$”。“B/M_{it}”是通过在“t - 1”年末用公司账面价值除以同年的可交易市值来衡量的。考虑到中美两国会计准则的差异，我们在每年年底采用“营业利润/股东权益总额”来反映公司在中国 A 股市场的年度盈利能力“OP_{it}”（李志冰等，2017）。“Inv_{it}”因素是将公司从“t - 1”年末到“t - 2”年末的总资产变化除以“t - 2”年末的总资产。

在 Fama - French 五因子模型中，我们运用分类方法将样本股分组。根据 Fama 和 French（1993）的研究，我们首先按照 IPO 股票可交易市值的大小将样本股分为两大部分。然后，我们将样本股按照整个样本的市场价值中位数分为小盘（S）和大盘（B）组。其次，我们将全部股票按样本股票据账面市值比（B/M）的 30% 和 70% 分为高（H）、中（M）和低（L）组。然后我们将这些类别进行交叉分类，每个类别成为基于股票市场价值的资产组合，分别被视为 SL、SM、SH、BL、BM、BH。

然后，我们重复相同的计算程序，通过分别替换 B/M 来对运营盈利能力（OP）和投资风格（Inv）进行交叉分类（2 ×3 分组方法）。在这样做的同时，我们将样本股分为 12 组，简称 SR、SN、SW、BR、BN、BW、SC、SN、SA、BC、BN、BA。在这 12 组中，“R”代表稳健的盈利能力，“W”代表弱的盈利能力，“C”代表保守的投资风格，“A”代表积激进的投资风格，“N”代表中性的盈利能力或投资风格股票组合。然后，我们计算每个时期的每个组的加权平均收益。最后，利用不同股票投资组合之间的收益差异构建了 4 种因素（SMB、HML、RMW 和 CMA）。表 4 - 3 显示了构建这 4 个因子的 2 ×3 的分组方法。

此外，为了获得更多关于 Fama - French 五因子模型结果的证据，同时加入了样本组合的 2×2 分类方法。在 2×2 类中，我们的样本数据按照模型中每个因素的 A 股市场指数的中值（50%）分类。我们采用 2×3 分组中相同的方法将 B/M、OP 和 Inv 交叉分为 12 组，分别缩写为 SH、SL、SR、SC、SA、BH、BL、BR、BW、BC、BA 从而得到新的 SMB、HML、RMW 和 CMA 的 4 类因子。2×2 类的分类方法也包括在表 4-3 中。根据计算的因子和模型的分类方法，Fama 和 French（2015）的研究中还有另外一种分类，即 2×2×2×2。这个分类从 4 个维度将整个股票分成不同投资组合。2×2×2×2 分类是 3 种分类方法中分类方法最复杂的一种，分维数多，交点小，分组个数少。然而，在我们的研究中，考虑到不同创新小组中的 IPO 公司数量在分组之后会相对变少，2×2×2×2 分类的多维性会因此降低模型的有效性，甚至由于在每个子部分的 IPO 公司的数量小而导致虚假回归。因此，为了获得来自中国 IPO 市场的实际反馈，我们在研究中只应用了 2×3 和 2×2 的分类方法。

表 4-3　　各因子的分类方法

Classifications	Breakpoints	Factors and Calculations
2×3 sorts	Size: Median	$SMB_{B/M}=(SH+SN+SL)/3-(BH+BN+BL)/3$
		$SMB_{OP}=(SR+SN+SW)/3-(BR+BN+BW)/3$
		$SMB_{Inv}=(SC+SN+SA)/3-(BC+BN+BA)/3$
		$SMB_{Inv}=(SMB_{B/M}+SMB_{OP}+SMB_{Inv})/3$
	B/M: 30% and 70% percentile	$HML=(SH+BH)/2-(SL+BL)/2$
	OP: 30% and 70% percentile	$RMW=(SR+BR)/2-(SW+BW)/2$
	Inv: 30% and 70% percentile	$CMA=(SC+BC)/2-(SA+BA)/2$
2×2 sorts	Size: Median	$SMB=(SH+SL+SR+SW+SC+SA)/6-(SH+SL+SR+SW+SC+SA)/6$
	B/M: Median	$HML=(SH+BH)/2-(SL+BL)/2$
	OP: Median	$RMW=(SR+BR)/2-(SW+BW)/2$
	Inv: Median	$CMA=(SC+BC)/2-(SA+BA)/2$

4.4.3 五因子描述统计

为了从创新资本的 2 个维度获得清晰的结果，本部分将创新投入和创新结果分为 3 个不同层次的投资组合，即无、高、低 3 个分类。从表 4-4 中可以看出，2 种不同分类方法的结果显示，在相同的创新投入（R&D）水平下得到的结果相似。面板 A 显示了按照 2×3 分类方法所得到的 5 个因素的描述性统计。与面板 A 中 5 个因素的结果类似，面板 B 显示了按 2×2 分类方法得出的描述性统计结果。

从创新投入（R&D）的角度来看，不同投资组合的 5 个因子的结果表明，在显著性水平为 1% 的情况下，SMB 因子显著不为 0。这个发现与王宜峰、王燕鸣和吴国兵（2015）以及赵胜民、闫红蕾和张凯（2016）的研究一致。他们认为，IPO 公司的“规模效应”在中国市场是显而易见的，这表明大盘股公司可能没有很高的股票收益率。因此，企业的平均股票收益率与企业的资本化负相关。但是对于 RWM 因素来说，从创新投入的角度来看，这个表格显示的结果是在所有投资组合中，它并没有显著不等于零。赵胜民、闫红蕾和张凯（2016）认为企业的盈利能力没有显著不等于零，这意味着投资者可能不会对企业的盈利能力给予更多的关注。对于投资者来说，这也表明企业的盈利能力可能不会为企业的价值带来显著的回报。

另外，在两种分类方法下，市场风险溢价的因子在无研发组合中在 10% 的水平下显著，在高 R&D 组合中在 5% 的水平下显著。对于企业的账面市值比（B/M），只有在高 R&D 投资组合中，HML 因子才在 10% 的水平下显著，这意味着与无研发和低研发公司相比较，研发水平高的企业可能会有相对更为明显的“BM 效应”。最后，CMA 因子对低 R&D 投资组合的投资在 5% 的水平下显著，而无 R&D 投资组合和高 R&D 投资组合的结果则不能否定这 2 个投资组合的平均月回报是零的原假设。

表4-4 无、低和高创新投入投资组合的描述性统计

Panel A：Five - Factor Descriptive Statistics by 2×3 Classification					
No - R&D	$R_m - R_f$	SMB	HML	RMW	CMA
Mean	1.07	2.80	0.62	-0.16	-1.73
Std. Dev.	1.79	2.59	5.16	3.06	4.51
t - stat	1.77 *	2.74 ***	0.29	-0.13	-0.94
Low - R&D	$R_m - R_f$	SMB	HML	RMW	CMA
Mean	0.61	4.24	1.50	-1.24	2.34
Std. Dev.	1.21	1.86	3.03	5.88	2.47
t - stat	1.23	5.57 ***	1.21	-0.51	2.32 **
High - R&D	$R_m - R_f$	SMB	HML	RMW	CMA
Mean	1.32	3.45	2.91	-0.11	0.07
Std. Dev.	1.35	2.12	3.75	4.55	2.64
t - stat	2.40 **	3.99 ***	1.90 *	-0.06	0.06
Panel B：Five - Factor Descriptive Statistics by 2×2 Classification					
No - R&D	$R_m - R_f$	SMB	HML	RMW	CMA
Mean	1.07	3.09	0.19	-0.14	-1.85
Std. Dev.	1.79	2.81	3.35	1.62	3.95
t - stat	1.77 *	2.70 ***	0.14	-0.21	-1.15
Low - R&D	$R_m - R_f$	SMB	HML	RMW	CMA
Mean	0.61	4.12	1.13	-0.36	1.22
Std. Dev.	1.21	1.86	2.19	2.22	1.68
t - stat	1.23	5.42 ***	1.26	-0.39	1.77 *
High - R&D	$R_m - R_f$	SMB	HML	RMW	CMA
Mean	1.32	3.42	1.56	-0.60	0.41
Std. Dev.	1.35	2.12	2.95	3.56	2.23
t - stat	2.40 **	3.94 ***	1.70 *	-0.41	0.45

注：*** 为在1%的显著水平下显著，** 为在5%的显著水平下显著，* 为在10%的显著水平下显著。

与创新投入类似，创新结果的五因子描述统计显示，不同投资组合的“规模效应”显示了分别在5%和1%的水平下显著的结果（见表4-5）。在表4-5的A面板和B面板上显示，“市场风险溢价”因子在10%的显

著性水平下异于零。对于 RMW 因子而言，结果没有显示出对 3 个创新成果水平的任何显著性统计结果，这与创新投入的结果相同。另外，以 2 ×2 和 2 ×3 两种分类方法得到的 HML 因子下的无专利组的投资回报率分别在 5% 的水平下和 1% 的水平下显著。这一发现意味着，无或者低水平的专利公司可能比拥有高专利的公司有更明显的“BM 效应”，这与创新投入的结果不同。而面板 B 中的 3 个创新成果水平下组合的 CMA 因子的结果均在 10% 的水平下显著不等于零，在面板 A 中的无专利的公司组合中的股票回报率在 5% 的水平下显著。

但实际上，从不同角度对创新资本进行描述性统计分析并不能完全解释 5 个因子的联系。虽然表 4 -4 和表 4 -5 的结果表明，从不同层次的创新资本分类的一些因子显示其不显著异于零，但是不同层次的创新资本各因子之间的相关性可能仍然存在。因此，为了进一步从创新投入和创新成果两个角度探讨各因子之间的关系，本章提供了一个五因子时间序列回归分析。

表 4 -5　　无、低和高创新产出投资组合的描述性统计

Panel A: Five - Factor Descriptive Statistics by 2 ×3 Classification					
No - Patent	$R_m - R_f$	SMB	HML	RMW	CMA
Mean	1.13	3.16	3.76	-1.02	3.68
Std. Dev.	1.68	3.16	4.57	3.11	4.02
t - stat	1.75*	2.45**	2.02**	-1.08	2.24**
Low - Patent	$R_m - R_f$	SMB	HML	RMW	CMA
Mean	1.10	3.30	1.12	-0.33	0.95
Std. Dev.	1.61	1.32	2.41	3.12	2.35
t - stat	1.67*	6.13***	1.14	-0.26	0.99
High - Patent	$R_m - R_f$	SMB	HML	RMW	CMA
Mean	0.66	3.44	0.59	-0.58	1.50
Std. Dev.	0.86	1.29	3.11	6.38	3.21
t - stat	1.87*	6.55***	0.46	-0.22	1.24

续表

Panel B：Five - Factor Descriptive Statistics by 2 × 2 Classification					
No - Patent	$R_m - R_f$	SMB	HML	RMW	CMA
Mean	1.13	3.66	3.26	-0.95	2.22
Std. Dev.	1.68	3.42	3.48	3.14	2.84
t - stat	1.75*	2.66***	2.30**	-0.74	1.97*
Low - Patent	$R_m - R_f$	SMB	HML	RMW	CMA
Mean	1.10	3.52	1.74	-0.57	1.18
Std. Dev.	1.61	1.20	1.52	2.24	1.47
t - stat	1.67*	6.16***	2.80***	-0.27	1.91*
High - Patent	$R_m - R_f$	SMB	HML	RMW	CMA
Mean	0.66	3.37	0.19	-0.87	1.88
Std. Dev.	0.86	1.00	3.14	3.27	2.39
t - stat	1.87*	6.24***	0.15	-0.65	1.93*

注：*** 为在 1% 的显著水平下显著，** 为在 5% 的显著水平下显著，* 为在 10% 的显著水平下显著。

4.4.4 五因子时间序列回归分析

遵循 Brav 等（2000）、Eberhart 等（2004）和 Guo 等（2006）的方法，本部分采用五因子时间序列日历回归方法，对不同创新资本水平的上市公司的长期绩效进行了检验。表 4 - 6 中列出了按照 2 × 3 方法分类的 IPO 公司的关于无、低、高 R&D 子样股票回报和无、低、高专利子样回报的回归估计结果。与 Brav 等（2000）和 Guo 等（2006）的发现一致，表 4 - 6 显示，从 IPOs 的创新投入和创新成果的角度来看，五因子的截距（超额收益）在一些子样本中显示是负面的和显著的。对于创新投入，A 面板的结果显示，无 R&D 和高 R&D 投资组合的月度超额回报率分别在 10% 和 5% 水平下负显著。无 R&D 投资组合的月度超额收益为 - 1.01%，显著水平为 10%，而高 R&D 投资组合的月度超额收益为 - 1.41%，显著水平为 5%。虽然低 R&D 投资组合的截距是负的但是却并不显著，但面板 A 的发现与第一个假设（H_1）是一致的，这说明有研发上市公司的超额收益低于没有研发的上市公司。与创新投入相比，五因子模型中的创新成果组合中的截距在 B 面板中显示出不同的结果。专利数量多的 IPO 的估计超额收益高于没有专利的 IPO 公司。因此，对于高专利组合和无专利组合，显示分别为 -1.05% 和 -1.79%。其结果与第二个假设（H_2）相一致，即专利数量高的 IPO 公司在 IPO 之后的长期业绩可能会优于没有专利的 IPO 公司。尽管低 R&D 投资组合和低专利投资组合的回报率都不为零，但 H_1 和 H_2 的假设仍然是有效的。

表 4-6　　五因子的时间序列回归结果（2×3 分类）

Panel A: Regression Analysis on Portfolios Sorted by innovation input							
Coefficients	*a*	*b*	*s*	*h*	*r*	*c*	R_{adj}^2
No - R&D	-0.0101*	1.1169***	0.8722***	-0.2516**	-0.5321	-0.2459	60.35%
	(-1.76)	(4.09)	(4.36)	(-2.12)	(-1.30)	(-0.82)	
Low - R&D	-0.0067	1.2799***	0.3696**	-0.1953*	-0.2008	0.0158	59.74%
	(-0.48)	(5.57)	(2.26)	(-1.74)	(-0.91)	(1.10)	
High - R&D	-0.0141**	1.3201***	0.4669***	-0.3621**	-0.3922	-0.3893	59.19%
	(-2.55)	(5.87)	(5.10)	(-2.53)	(-0.95)	(-1.28)	
Panel B: Regression Analysis on Portfolios Sorted by innovation outcome							
Coefficients	*a*	*b*	*s*	*h*	*r*	*c*	R_{adj}^2
No - Patent	-0.0179**	1.0452**	0.4187**	-0.3642**	-0.0169	-0.2008*	56.66%
	(-2.15)	(2.22)	(2.39)	(-2.17)	(-0.75)	(-1.83)	
Low - Patent	0.0028	1.2123***	0.2532**	-0.0886	-0.0406	-0.0971	56.53%
	(0.42)	(5.32)	(2.15)	(-0.91)	(-0.82)	(-1.08)	
High - Patent	-0.0105*	1.1209***	0.6766***	-0.1715	-0.084	-0.1979	57.31%
	(-1.78)	(4.84)	(3.31)	(-1.27)	(-0.95)	(-1.41)	

注：括号内为 T 统计量。

*** 为在 1% 的显著水平下显著，** 为在 5% 的显著水平下显著，* 为在 10% 的显著水平下显著。

此外，为了提供更多的证据来支持这些假设，表 4-7 给出了按 2×2 分类方法排序的不同层次的创新投入和创新成果组合的回归结果，表明估计截距在一定程度上与表 4-6 相似。虽然无 R&D、低 R&D、低专利和高专利组合的截距结果没有显著异于零，但高 R&D 和无专利组合显示截距为 -1.79% 和 -2.05%，且分别在 10% 和 5% 的显著水平下为负。另外，表 4-6 和表 4-7 中每个投资组合的估计截距表明，中国企业在 IPO 之后存在 IPO 长期表现不佳的现象。上市公司长期业绩表现不佳的程度也受上市公司创新资本水平的影响，这与 H_1 和 H_2 的假设是一致的。

表 4-7　　五因子的时间序列回归结果（2×2 分类）

Panel A：Regression Analysis on Portfolios Sorted by innovation input							
Coefficients	*a*	*b*	*s*	*h*	*r*	*c*	R_{adj}^2
No - R&D	0.0089	1.3416***	0.7451***	-0.2013*	-0.2432	0.014	60.81%
	(1.54)	(5.72)	(2.87)	(-1.71)	(-1.07)	(0.32)	
Low - R&D	-0.0051	1.2025***	0.2496*	-0.1832	-0.2267	-0.0834	59.42%
	(-0.52)	(4.97)	(1.89)	(-1.43)	(-0.99)	(-1.47)	
High - R&D	-0.0179*	1.0111**	0.3128**	-0.2459*	0.0255	0.0164	59.27%
	(-1.87)	(2.09)	(2.04)	(-1.89)	(1.11)	(0.62)	
Panel B：Regression Analysis on Portfolios Sorted by innovation outcome							
Coefficients	*a*	*b*	*s*	*h*	*r*	*c*	R_{adj}^2
No - Patent	-0.0205**	1.1039**	0.7779***	-0.2765*	0.2112	-0.3396*	56.27%
	(-2.12)	(2.33)	(4.10)	(-1.83)	(1.36)	(-1.76)	
Low - Patent	-0.0005	1.3474***	0.1908*	-0.0984	-0.0737	-0.0855	56.48%
	(-0.11)	(4.42)	(1.91)	(-1.04)	(-0.37)	(-0.70)	
High - Patent	0.008	1.1793***	0.2959**	-0.3163	-0.3316	-0.5742	57.18%
	(0.89)	(2.86)	(2.32)	(-1.25)	(-0.54)	(-1.59)	

注：括号内为 T 统计量。

*** 为在 1% 的显著水平下显著，** 为在 5% 的显著水平下显著，* 为在 10% 的显著水平下显著。

4.5 创新对企业上市后长期收益的影响

4.5.1 回归模型

根据前面的部分，我们已经从企业首次公开发行之后的第三个月就获得了我们样本的买入和持有超额回报（BHAR）。为了检验首次公开招股前创新能力对企业上市后市场表现的回归影响，我们构建了一个回归模型来分析创新成果/投入与首次公开招股公司长期市场收益之间的相关关系：

$$LT_i = a_0 + a_1 R\&D_i + a_2 Patent_i + a_3 lnMV_i + a_4 UM_i + a_5 Lot_i + a_6 IssPrice_i + a_7 lnAsset_i + a_8 VC_i + a_9 lnProceed_i + a_{10} lnAge_i + a_{11} Year_i + a_{12} Ind_i + \varepsilon_i \quad (4.5.1)$$

其中 LT_i是表示企业上市后收益的长期表现的因变量（从上市后的第三个月开始计算的之后的 12、24、36、48、60 个月）。并且模型中有两个重要的自变量，一个是研发投入力度（$R\&D_i$）的创新投入，另一个是创新成果，即专利数量（$Patent_i$）。控制变量包括市场价值（$InMV_i$）、承销商信誉（UW_i）、中签率（Lot_i）、发行价格（$IssPrice_i$）、企业规模（$InAsset_i$）、风险投资支持（VC_i）、IPO 的总筹资额（$InProceed_i$）、公司年龄（$lnAge_i$）、首次公开招股年（$Year_i$）以及 IPO 公司的所在行业（Ind_i）。下面给出了更详细的描述。

4.5.2 变量定义

4.5.2.1 因变量

用于 IPO 公司的长期业绩衡量指标是由第三部分的买入和持有市场调整回报率（BHAR）。基于前面的研究，为了避免 IPO 短期抑价和短期市场情绪的影响，我们在 IPO 公司上市的两个月之后开始，测量买入持有收益率。

因此，我们估计了 IPO 公司长期市场表现为 1 年（12 个月）、2 年（24 个月）、3 年（36 个月）、4 年（48 个月）和 5 年（60 个月）的收益率。LT_{i1}、LT_{i2}、LT_{i3}、LT_{i4}和 LT_{i5}分别表示公司首次公开发行后第一到第五年的 LT_i的长期股票收益表现。从 2009 年 1 月 ~ 2016 年 12 月原样本中的 1460 家公司中，我们删除了没有招股说明书的公司，以及没有研发投资和专利的公司。另外，只有在公司没有专利的情况下，我们才把专利视为 0。因此，我们最终在研究样本中筛选了 1451 个 IPO 公司。

4.5.2.2 自变量

我们从 1451 个公司的 IPO 招股说明书中手工收集创新数据。通过 Chin 等（2006）以及 Chen 和 Xu（2015）的研究，我们构建了两个变量来展示我们研究中的创新变量。对于创新投入，我们采用研发强度来描述 IPO 前的创新投入，即利用企业上市前两年 R&D 支出与总资产规模的比值。对于创新成果，我们将企业招股说明书中专利数量作为上市前创新产出变量。

4.5.2.3 控制变量

（1）企业年龄（lnAge）：根据 Filatotcherv 和 Bishop（2002）的研究，企业的年龄显著影响了企业在市场上的表现。因此，我们计算了公司从成立的年份到公司上市年份的时间，即企业年龄。

（2）企业规模（lnAsset）：现有研究已经认识到规模效应。Barth 和 Kasznik（1999）指出，大公司在市场上的信息不对称更少。我们将 IPO 前一年公司总资产的对数作为控制变量。

（3）总收益（lnProceed）：在我们的研究中，我们用发行价格与 IPO 公司总发行量的乘积的对数作为其总收益的控制变量（李远，2006）。

（4）中签率（Lot）：根据 Li（2006）的研究，中签率是 IPO 现象研究的重要变量之一。因此，本章研究采用离线发行 IPO 股票的中签率进行控制。

（5）承销商声誉（UW）：大量研究表明，承销商声誉的影响对 IPO 市场具有重大影响。Carter 等（1998）发现，拥有信誉高的承销商的 IPO 公司在经过首次公开发行之后的 3 年市场表现都很出色。我们设置一个虚拟变量来衡量每个 IPO 公司的承销商声誉。因此，上市时拥有至少一家排名前 10 名的承销商，变量将为 1，否则为 0。

（6）风险资本（VC）：以前的研究调查了风险支持的 IPO 公司的市场表现胜过无风险支持的公司（Brav 和 Gompers，1997）。因此，如果上市公司在上市之前有一个或多个风险投资公司，则在这个虚拟变量的值为 1，否则为 0。

(7) 发行价格 (IssPrice): 在 Ibbotson (1975) 的研究中, 他测试了新股的 IPO 发行价格与 IPO 长期业绩呈负相关。因此, 我们控制了研究中 IPO 公司的发行价格。

(8) 市场价值 (lnMV): 继张学勇和张叶青 (2016), 我们还将首次公开的上市公司市值的对数作为控制变量之一, 表示为第一个交易日的收盘价乘以普通流通股的份额。

4.6 回归分析

4.6.1 描述性统计

表 4-8 统计了研究中的自变量、因变量和控制变量。对于买入和持有市场调整后的回报, 我们发现 BHARs 的平均值从 IPO 后 12 个月到 60 个月的值逐渐下降。首次公开发行后 60 个月内的 BHAR 平均值为 69.48%, 且在此期间有 762 个 IPO 公司。对于创新成果 (专利), 我们样本中的专利平均数为 75 项, 高于大部分发展中国家和部分发达国家 (Chin 等, 2006; Heeley 等, 2007)。其中一家上市公司的最大专利数量为 7713 项, 由比亚迪公司 (002594) 所有。与创新成果相比, 企业的创新投入 (R&D) 也获得了很高的平均值, 为 0.0684, 研发强度的最大值在 IPO 前两年达到了 19 左右。因此, 从中国 A 股市场上相对较高的创新投入和产出的公司情况表明, 中国 IPO 市场上市公司的创新能力是非常强的。

表 4-8 变量描述性统计

Variables	Obs	Mean	Std. Dev.	Min	Max
12M - BHAR	1272	-0.0854	0.4326	-1.5764	8.2416
24M - BHAR	1140	-0.0501	0.6355	-2.5097	6.3568
36M - BHAR	918	-0.0849	1.1875	-4.4620	10.5574
48M - BHAR	873	-0.1739	1.7473	-5.5002	13.7014
60M - BHAR	762	-0.6948	1.8024	-4.4434	19.8175

续表

Variables	Obs	Mean	Std. Dev.	Min	Max
Patent	1271	75.1298	278.7461	1	7713
R&D_1	1302	0.0711	0.6374	3.9E-05	20.7642
R&D_2	1302	0.0658	0.5653	0	19.1856
R&D	1302	0.0684	0.6003	1.9E-05	19.9749
lnAge	1451	2.2351	0.6194	0	3.5835
lnAsset	1451	20.3753	1.2346	15.9441	29.8151
lnProceed	1451	20.0876	0.7485	17.4714	24.1264
Lot	1451	0.0105	0.0243	0.0001	0.6552
UW	1451	0.4590	0.4985	0	1
VC	1451	0.6809	0.4663	0	1
IssPrice	1451	21.5589	13.8767	1.5	148
lnMV	1451	21.1562	0.7676	19.2541	24.7967

为进一步探讨变量之间的相关性，我们进行了 Pearson 相关性检验。表4-9 中的研究结果表明，创新投入（研发）与企业首次公开发行后 3 年的 BHAR 呈负相关。然而，创新投入却与 BHAR 呈正相关但并不显著的关系。因此，创新投入与首次公开招股后 3 年的 BHAR 之间的关联结果与之前假设 1（H_1）的估值分析是一致的。同时，在 IPO 之后的第 3 年，创新成果（专利）与 IPO 长期表现呈正相关，且显著。这个发现与公司首次公开招股前创新成果增加与首次公开招股后的长期绩效表现较佳的正相关影响相一致（H_2）。

此外，对于各控制变量，我们还观察到公司总资产与 IPO 长期表现的相关性为显著负相关。而 IPO 后市场表现的总筹资额与 12 个月到 60 个月的 BHARs 之间均存在显著的负相关关系，IPO 上市公司的市场价值与上市后公司的 BHAR 呈显著正相关，特别是上市后的 3 年（36 个月）的股票回报表现。然而，Pearson 相关性只是为了测试两个变量之间的关联，且在表中个别控制变量之间的相关性较强，如总筹资额和公司规模。因此，为了得到这些变量之间相互影响的有力说服证据，我们在 4.6.2 中提供详细

表 4-9 变量的 Pearson 相关性检验

Variables	12M - BHAR	24M - BHAR	36M - BHAR	48M - BHAR	60M - BHAR	ln(Patents+1)	R&D	lnAge	lnAsset	lnProceed	Lot	UW	VC	IssPrice	lnMV
12M-BHAR	1														
24M-BHAR	0.6669***	1													
36M-BHAR	0.4285***	0.7203***	1												
48M-BHAR	0.2462***	0.4614***	0.6987***	1											
60M-BHAR	0.2273***	0.3168***	0.5103***	0.7405***	1										
ln(Patents+1)	0.0288	0.0493	0.1058***	0.1807***	0.1727***	1									
R&D	-0.0981**	-0.1367***	-0.0856**	0.0062	0.0357	-0.0122	1								
lnAge	-0.0126	-0.0136	-0.0169	-0.0049	-0.0085	0.0635**	-0.0074	1							
lnAsset	-0.1201***	-0.1539***	-0.1462***	-0.2147***	-0.1816***	0.2851***	-0.3281***	0.0444*	1						
lnProceed	-0.068**	-0.0726**	-0.1131***	-0.1731***	-0.1929***	0.1389***	-0.1426***	-0.2142***	0.6598***	1					
Lot	0.0136	0.0125	-0.0536	-0.1145***	-0.0705*	-0.0524*	-0.0315	-0.1234***	0.1450***	0.2783***	1				
UW	-0.0300	-0.0020	-0.0219	-0.0367	-0.0819**	0.0768***	-0.0079	-0.044*	0.1284***	0.1558***	0.0021	1			
VC	0.0102	0.0111	0.0056	0.0246	-0.0057	0.0203	0.1309***	0.0443*	-0.0373	-0.0624**	-0.0586**	-0.0163	1		
IssPrice	0.0456	0.0866***	0.0333	0.0276	-0.0537	-0.1294***	0.1182***	-0.2085***	-0.2371***	0.3361***	0.1958***	0.0126	-0.0126	1	
lnMV	0.1224***	0.1001***	0.1367***	0.0086	0.0047	0.1967***	0.0155	0.0440	0.6251***	0.5697***	0.1109***	0.1226***	0.0551**	-0.0347	1

注：*** 为在 1% 的显著水平下显著，** 为在 5% 的显著水平下显著，* 为在 10% 的显著水平下显著。

的回归结果来检验我们在前面的分析中提出的假设，并且将进行多重共线性的检验以确保数据和模型的有效性。

4.6.2 实证分析

4.6.2.1 创新投入

在本节中，为了充分考察创新在中国 IPO 市场对上市公司长期市场表现的影响，我们从 3 个不同的角度考察了创新资本对 IPO 长期表现的关联。首先，表 4 - 10 中显示，我们用创新投入对 IPO 后 12、24、36、48、60 个月的买入持有市场调整后收益进行了回归分析。从模型 1 到模型 3 的结果显示，研发强度对 12 个月的 BHAR、24 个月的 BHAR 和 36 个月的 BHAR 有着负面影响，且分别在 1%、5% 和 10% 的水平下显著。这种模式表明，前面讨论的分析假设 H_1 与表 4 - 10 中模型 1 到模型 3 的统计结果是一致的，说明 IPO 之前企业的创新投入更高可能会导致其在上市后在市场上的表现长期低迷。

然而，模型 4 和模型 5 的统计结果显示，企业的创新投入对其在 IPO 的 48 个月后的绩效之间的影响逐渐从负相关转化为正相关关系，但并不显著。这个有趣的发现为研究企业 R&D 活动对股票市场长期股价表现提供有力证据。但由于风险较高，研发对企业未来市场表现和市值的影响是具有不确定性和不稳定性的（Pakes 和 Griliches，1985）。创新投入对 IPO 后企业长期绩效的影响逐渐由显著的负向变为非显著的正向，这意味着研发强度对企业市场绩效的影响具有累积性和滞后性的特征（Penman 和 Zhang，2002）。

此外，总资产与企业在 IPO 后的 12、24、36、48、60 个月的 BHAR 呈负相关，其显著性水平分别为 1%、1%、1%、5% 和 10%。因此，这意味着企业在 IPO 之前的总资产越高，其在 IPO 市场上的长期业绩可能会越差。与总资产的情况类似，公司上市前的筹资总额也与其 IPO 后的连续 5 年的 BHARs 均在 1% 的水平下显著负相关。与之相反的是，企业上市时的市值与其上市后连续 5 年的 IPO 长期回报率均在 1% 的水平下显著为正，表明市值越高的企业，在其 IPO 后长期表现较好。除此之外，企业上市前的风险投资在 IPO 后 36 和 60 个月均对其长期表现有显著的负向影响，且分别在 10% 和 5% 的水平下显著。企业的发行价则在 IPO 后 12 个月至 48 个月均无显著的影响，直至 60 个月在 10% 水平下有显著为负的影响，可以看出新股发行价格对其上市后的长期市场表现随着时间逐渐的推移其负向影响更加显著。另外，上市公司年龄、中签率和其承销商声誉对 IPO 后长期市场表现并没有显著的影响，这一结果与之前的研究有所不同，由于所参考的上市公司数据和样本所选时间有所不同，从不同的板块（如创业板、中小板等）、行业（如 IT 行业、医药行业等）或不同的政策环境下考虑，也会得到不同的结果。最后，为了使研究更加具体和有说服力，我们对每个模型也进行了多重共线性的检验，其结果显示，各个模型的 VIF 均值都在 2.16 以下，因此研究模型和变量并不存在多重共线性的问题。

表 4-10　创新投入对企业 IPO 后 12、24、36、48、60 个月的 BHAR 的回归分析

VARIABLES	Model 1	Model 2	Model 3	Model 4	Model 5
	12M-BHAR	24M-BHAR	36M-BHAR	48M-BHAR	60M-BHAR
R&D	-1.353***	-1.613***	-2.629**	1.189	1.828
	(0.004)	(0.002)	(0.025)	(0.625)	(0.416)
lnAge	-0.0156	0.00627	-0.0298	0.0144	-0.0436
	(0.504)	(0.798)	(0.574)	(0.890)	(0.650)
lnAsset	-0.120***	-0.135***	-0.233***	-0.298**	-0.223*
	(0.000)	(0.000)	(0.000)	(0.012)	(0.055)
lnProceed	-0.121***	-0.293***	-0.597***	-0.731***	-0.745***
	(0.002)	(0.000)	(0.000)	(0.000)	(0.000)
Lot	0.186	-0.0639	-0.873	-3.183	0.124
	(0.740)	(0.911)	(0.457)	(0.165)	(0.953)
UW	-0.0310	-0.00570	-0.0418	-0.0643	-0.124
	(0.232)	(0.838)	(0.508)	(0.608)	(0.301)
VC	-0.0227	-0.0433	-0.130*	-0.163	-0.259**
	(0.408)	(0.147)	(0.054)	(0.221)	(0.041)
IssPrice	-0.000855	-0.000157	-0.00249	-0.00598	-0.00993*
	(0.519)	(0.908)	(0.393)	(0.309)	(0.070)

续表

VARIABLES	Model 1	Model 2	Model 3	Model 4	Model 5
	12M - BHAR	24M - BHAR	36M - BHAR	48M - BHAR	60M - BHAR
lnMV	0.333***	0.539***	0.987***	0.942***	0.823***
	(0.000)	(0.000)	(0.000)	(0.000)	(0.000)
Constant	-2.244***	-3.086***	-4.485***	-0.141	0.939
	(0.000)	(0.000)	(0.001)	(0.956)	(0.699)
Mean VIF	1.83	1.83	1.92	2.04	2.16
Observations	1147	1028	833	790	691
R - squared	0.207	0.423	0.398	0.236	0.234
Industry	YES	YES	YES	YES	YES
Year	YES	YES	YES	YES	YES

注：括号内为 P 值。

*** 为在 1% 的显著水平下显著，** 为在 5% 的显著水平下显著，* 为在 10% 的显著水平下显著。

4.6.2.2 创新产出

表 4 - 11 揭示了创新产出（专利）对企业 IPO 后 12、24、36、48 和 60 个月 BHAR 的影响。与创新投入的结果相比，创新产出对上市公司长期绩效有正向影响，尤其是上市后的 36 个月。与研发投入不同，专利在模型 1 中没有显示出显著的效果。然而，在模型 2 到模型 5 中，其正相关性分别在 10%、5%、5% 和 1% 的水平下显著。相应地，我们可以得出结论，创新产出与企业长期绩效之间的正相关关系随着时间的推移而不断增强。其研究结果为我们的主要假设 H_2 提供了强有力的支撑，并且表明 IPO 之前的企业专利数量可以帮助企业减轻上市后长期表现欠佳的程度。

从表 4 - 11 的控制变量来看，上市公司总资产与其上市后连续 5 年的长期绩效分别在 1%、1%、1%、1% 和 10% 的显著性水平上呈负相关关系，这与表 4 - 10 所示的结果相似。而对于企业的筹资总额，它与企业 IPO 后连续 5 年的买入持有收益率均在显著性水平 1% 下呈负相关。同样，对于企业的市场价值而言，其结果显示企业市场价值与企业上市后的买入持有调整后的超额收益之间的关系为正相关，且连续 5 年的显著水平均为 1%。此外，风险支持的上市公司在其上市后的 2 年、3 年和 5 年之后在市场上的长期表现更差，统计结果显示它们之间的相关性均在 10% 的显著性水平下呈负相关。

表 4-11　创新产出对企业 IPO 后 12、24、36、48、60 个月的 BHAR 的回归分析

VARIABLES	Model 1	Model 2	Model 3	Model 4	Model 5
	12M - BHAR	24M - BHAR	36M - BHAR	48M - BHAR	60M - BHAR
ln（Patents + 1）	0.00675	0.0294*	0.0532**	0.131**	0.164***
	(0.597)	(0.078)	(0.049)	(0.013)	(0.004)
lnAge	0.00142	0.0113	-0.0121	-0.0140	-0.0531
	(0.952)	(0.709)	(0.851)	(0.877)	(0.577)
lnAsset	-0.113***	-0.145***	-0.285***	-0.299***	-0.192*
	(0.000)	(0.000)	(0.000)	(0.003)	(0.082)
lnProceed	-0.105***	-0.323***	-0.582***	-0.685***	-0.905***
	(0.010)	(0.000)	(0.000)	(0.000)	(0.000)
Lot	0.274	0.494	-0.244	-2.561	0.625
	(0.611)	(0.464)	(0.858)	(0.180)	(0.752)
UW	-0.0255	-0.0132	-0.0788	-0.117	-0.165
	(0.328)	(0.702)	(0.310)	(0.289)	(0.166)
VC	-0.0116	-0.0689*	-0.158*	-0.152	-0.222*
	(0.676)	(0.061)	(0.056)	(0.189)	(0.078)
IssPrice	-0.00110	-0.000595	-0.00426	-0.00402	-0.00701
	(0.419)	(0.730)	(0.243)	(0.435)	(0.202)
lnMV	0.301***	0.589***	1.021***	0.822***	0.766***
	(0.000)	(0.000)	(0.000)	(0.000)	(0.000)
Constant	-2.105***	-3.341***	-4.536***	1.231	4.218*
	(0.000)	(0.000)	(0.006)	(0.592)	(0.089)
Mean VIF	1.86	1.87	1.95	1.97	2.09
Observations	1117	996	801	760	666
R - squared	0.194	0.371	0.334	0.260	0.237
Industry	YES	YES	YES	YES	YES
Year	YES	YES	YES	YES	YES

注：括号内为 P 值。

*** 为在 1% 的显著水平下显著，** 为在 5% 的显著水平下显著，* 为在 10% 的显著水平下显著。

4.6.2.3 创新资本

为了研究创新投入和创新产出在 IPO 市场上的影响，我们将研发与专利同时考虑并结合在表 4 - 12 的回归分析中。创新投入和创新结果的统计结果与表 4 - 10 和表 4 - 11 中的结果一致，在创新产出的共同影响下，创新投入对企业上市后 36 个月的长期股票表现产生了显著的负面影响。而这种影响在这之后的几个月里逐渐变成了正向的。另外，从模型 2 到模型 5 看，专利对股票长期表现的负面影响是具有一定的稳定性的。通过观察创新产出的系数可以发现，从模型 1 到模型 5 中的系数正在年复一年的增加，表明在 IPO 之前被视为企业创新产出的专利数量有助于增强企业在资本市场上市之后的市场表现。因此，与创新投入相比，大多数投资者对 IPO 前专利数多的公司其上市之后的长期表现更为乐观。

对于控制变量，上市公司总资产、总筹资额和总市值的结果与表 4 - 10 和表 4 - 11 里的结果相一致，也说明了研究结果的稳定性。此外，表 4 - 10、表 4 - 11 和表 4 - 12 里的所有模型的平均方差膨胀因子（VIF）均小于 2.20，这说明了模型和数据的回归结果均不受多重共线性的影响。

表 4 - 12　创新资本对企业 IPO 后 12、24、36、48、60 个月的 BHAR 的回归分析

VARIABLES	Model 1	Model 2	Model 3	Model 4	Model 5
	12M - BHAR	24M - BHAR	36M - BHAR	48M - BHAR	60M - BHAR
R&D	-1.726***	-1.897***	-2.369**	-1.017	0.918
	(0.001)	(0.004)	(0.036)	(0.643)	(0.689)
ln (Patents + 1)	0.0117	0.0363**	0.0388**	0.137**	0.156***
	(0.381)	(0.037)	(0.047)	(0.012)	(0.007)
lnAge	-0.00475	0.00543	-0.0225	0.00383	-0.0356
	(0.844)	(0.860)	(0.673)	(0.967)	(0.712)
lnAsset	-0.129***	-0.160***	-0.265***	-0.322***	-0.207*
	(0.000)	(0.000)	(0.000)	(0.002)	(0.074)
lnProceed	-0.104**	-0.335***	-0.553***	-0.677***	-0.893***
	(0.013)	(0.000)	(0.000)	(0.000)	(0.000)

续表

VARIABLES	Model 1	Model 2	Model 3	Model 4	Model 5
	12M - BHAR	24M - BHAR	36M - BHAR	48M - BHAR	60M - BHAR
Lot	0.248	0.339	-0.716	-2.647	0.458
	(0.664)	(0.634)	(0.542)	(0.190)	(0.826)
UW	-0.0297	-0.0194	-0.0508	-0.0981	-0.134
	(0.270)	(0.583)	(0.431)	(0.384)	(0.271)
VC	-0.00988	-0.0592	-0.137**	-0.134	-0.242*
	(0.728)	(0.116)	(0.047)	(0.258)	(0.058)
IssPrice	-0.000978	-0.000325	-0.00283	-0.00521	-0.00825
	(0.485)	(0.854)	(0.347)	(0.321)	(0.138)
lnMV	0.317***	0.606***	0.958***	0.834***	0.799***
	(0.000)	(0.000)	(0.000)	(0.000)	(0.000)
Constant	-2.090***	-3.104***	-4.135***	1.250	3.575
	(0.000)	(0.000)	(0.002)	(0.594)	(0.155)
Mean VIF	1.82	1.82	1.87	1.88	1.98
Observations	1071	956	772	733	643
R - squared	0.198	0.368	0.378	0.264	0.244
Industry	YES	YES	YES	YES	YES
Year	YES	YES	YES	YES	YES

注：括号内为 P 值。

*** 为在 1% 的显著水平下显著，** 为在 5% 的显著水平下显著，* 为在 10% 的显著水平下显著。

4.6.3 稳健性检验

为了进一步检验模型的稳定性，我们将 IPO 前 1 年和 2 年的研发强度作为另外的创新指标进行检验。R&D_1 被定义为 IPO 前 1 年的研发支出，R&D_2 被定义为 IPO 前 2 年的研发支出。因此，我们将研发强度与专利数量一起放进表 4 - 13 中模型 1 到模型 10 进行测试，测试创新资本与企业 IPO 后 12、24、36、48 以及 60 个月的买入持有调整后的超额收益率之间的结果的稳定性，表 4 - 13 显示了与表 4 - 12 相似和稳定的结果。这表明，

R&D_1 与公司的长期绩效的关系呈负相关，在企业 IPO 后的连续 2 年内分别在 1% 的水平下显著相关。同时，R&D_2 的系数也与企业首次公开发行后的 12、24 和 36 个月的长期绩效呈显著负相关，且其显著水平分别为 1%、1%、10%。但是 R&D_1 和 R&D_2 在这之后的 36 个月后的系数则是逐渐从负向转向正向的影响。因此，我们得到它们在统计意义上的相互影响是逐年减弱的，系数也逐渐由负变正，也与之前的分析结果相似。此外，结果与我们之前在表 4－10、表 4－11 和表 4－12 中得到的结果一致。这表明我们的结果不受异常值驱动，也不由非线性关系所驱动。

4.7 本章小结

本章研究的目的是检验创新资本对企业 IPO 长期表现的影响。虽然关于 IPO 长期表现不一的文献报道广泛，学者们提出了无数的理论解释，但创新资本作为在市场上反映公司价值的可靠信号还并未受到广泛的关注并以此解释 IPO 长期表现。尽管在美国市场上已有大量关于创新与 IPO 异常相关性的研究，但少有学者在考虑不同的制度和监管背景下（即中国 IPO 市场）的新兴市场的情况，来测试了这两种变量之间的关系。因此，本书利用我国市场的特殊制度的特征，从两个不同维度对 IPO 长期市场业绩的影响进行了研究。我们得到的结论是，与发达市场相比，中国公司股票业绩在 IPO 后的市场表现出长期弱势的现象，且延续到公司上市后 5 年左右。因此，本章研究增加了现有文献中关于创新资本与企业 IPO 后长期绩效关系的研究证据，从而进一步增强了对新兴市场 IPO 长期表现的认识。

在大多数现有的文献里，学者们认为，企业努力创新和成功创新所得到的无形资产是具有信息不对称性的。由于创新资本在开发工作中是否能成功帮助企业实现收益的这种情况是存在争议的，因此，用来开发这些资产的公司市场估值是非常不确定的，因为投资者对其价值尚不清楚也无法确切得知。由此，本章探讨由研发支出或专利构成的两个维度的创新资本是否能成为上市公司的价值来源，以及能否将它们视为为公司投资者提供

表 4-13 稳健性检验

VARIABLES	12M-BHAR		24M-BHAR		36M-BHAR		48M-BHAR		60M-BHAR	
	Model 1	Model 2	Model 3	Model 4	Model 5	Model 6	Model 7	Model 8	Model 9	Model 10
R&D_1	-1.584***		-1.851***		-1.809		-1.140		2.001	
	(0.001)		(0.005)		(0.135)		(0.608)		(0.388)	
R&D_2		-1.639***		-1.672***		-2.260*		-0.794		-0.0909
		(0.001)		(0.007)		(0.062)		(0.695)		(0.966)
ln（Patents+1）	0.0117	0.0113	0.0365**	0.0360**	0.0387**	0.0389**	0.138**	0.137**	0.154***	0.158***
	(0.383)	(0.400)	(0.036)	(0.039)	(0.029)	(0.027)	(0.011)	(0.012)	(0.008)	(0.006)
lnAge	-0.00533	-0.00261	0.00436	0.00711	-0.0223	-0.0230	0.00280	0.00496	-0.0311	-0.0391
	(0.825)	(0.914)	(0.888)	(0.817)	(0.677)	(0.667)	(0.976)	(0.957)	(0.747)	(0.686)
lnAsset	-0.127***	-0.129***	-0.159***	-0.160***	-0.259***	-0.263***	-0.323***	-0.321***	-0.198*	-0.217*
	(0.000)	(0.000)	(0.000)	(0.000)	(0.000)	(0.000)	(0.002)	(0.002)	(0.087)	(0.061)
lnProceed	-0.105**	-0.103**	-0.336***	-0.334***	-0.556***	-0.554***	-0.677***	-0.677***	-0.894***	-0.892***
	(0.013)	(0.015)	(0.000)	(0.000)	(0.000)	(0.000)	(0.000)	(0.000)	(0.000)	(0.000)
Lot	0.242	0.253	0.332	0.345	-0.728	-0.724	-2.651	-2.644	0.471	0.442
	(0.672)	(0.659)	(0.641)	(0.629)	(0.535)	(0.537)	(0.189)	(0.191)	(0.821)	(0.832)
UW	-0.0295	-0.0299	-0.0190	-0.0194	-0.0510	-0.0513	-0.0985	-0.0975	-0.133	-0.135
	(0.272)	(0.266)	(0.590)	(0.584)	(0.429)	(0.426)	(0.383)	(0.387)	(0.275)	(0.266)
VC	-0.0114	-0.00943	-0.0606	-0.0589	-0.140**	-0.138**	-0.135	-0.135	-0.244*	-0.239*
	(0.690)	(0.740)	(0.108)	(0.118)	(0.041)	(0.045)	(0.257)	(0.257)	(0.055)	(0.061)
IssPrice	-0.000928	-0.00106	-0.000237	-0.000443	-0.00272	-0.00275	-0.00514	-0.00528	-0.00850	-0.00810
	(0.508)	(0.449)	(0.893)	(0.801)	(0.368)	(0.363)	(0.328)	(0.315)	(0.127)	(0.145)
lnMV	0.316***	0.316***	0.605***	0.604***	0.954***	0.957***	0.835***	0.833***	0.793***	0.805***
	(0.000)	(0.000)	(0.000)	(0.000)	(0.000)	(0.000)	(0.000)	(0.000)	(0.000)	(0.000)
Constant	-2.089***	-2.112***	-3.093***	-3.130***	-4.129***	-4.122***	1.266	1.233	3.499	3.629
	(0.000)	(0.000)	(0.000)	(0.000)	(0.002)	(0.002)	(0.590)	(0.599)	(0.164)	(0.149)
Observations	1071	1071	956	956	772	772	733	733	643	643
R-squared	0.197	0.197	0.368	0.368	0.376	0.378	0.264	0.264	0.245	0.244
Industry	YES	YES	YES	YES	YES	YES	YES	YES	YES	YES
Year	YES	YES	YES	YES	YES	YES	YES	YES	YES	YES

注：括号内为 P 值。

*** 为在 1% 的显著水平下显著，** 为在 5% 的显著水平下显著，* 为在 10% 的显著水平下显著。

价值的来源。因此，我们得出不同类型的创新资本可能会对 IPO 市场产生不同的影响。

研究结果与我们的预期一致：有力的证据表明，由研发支出构成的创新投入与企业 IPO 后的长期市场绩效显著负相关，特别是在首次公开发行后的前 12 和 24 个月内。这一发现与我们的预期是一致的，即研发支出较多的公司在 IPO 之后的长期表现明显没有无研发支出或低研发支出的公司表现好。另外，就中国市场的会计制度而言，企业将研发分为资本化研发和费用研发两类。综合前面的分析，我们调查了上市前研发投入作为上市公司的研究与开发活动的费用在中国 IPO 市场上的运作具有滞后性和累积性的特点。我们的统计结果支持这一发现，表明公司首次公开招股前的研发投资对其长期的股票业绩的影响在上市后 5 年内逐渐由负转正。与创新投入不同的是，尽管 IPO 公司长期业绩呈弱势的现象普遍存在，但是专利数量多的公司在 IPO 后市场上的表现仍然优于专利数量较少的公司。

这些发现意味着，大多数投资者认识到或认为公司在招股说明书上披露的研发投资并不是企业资本化的资产，且并没有在资产负债表上出现。这表明企业的创新投入，也即研发投入，在企业开始创新活动的时候存在着很多的不确定性和不稳定性，而这种性质可以导致投资者在新兴市场上的投资风险增加。然而，随着时间的推移，部分创新投入会在生产过程中逐渐转变为企业的资本化资产，从而可以为 IPO 公司带来长期的稳定性价值。此外，研究结果也表明投资者更倾向于将企业潜在的发展价值归因于公司所持有的专利数的多少，由此说明专利作为创新成果比作为创新投入的 R&D 更可靠，可以更直接地向公众传达积极的信息。由此可见，IPO 招股说明书中的企业 IPO 前创新资本，包括研发投资和专利数量，为市场上的投资者们提供了重要的相关信息。从不同的角度分别来看待两种维度的创新资本，创新投入和创新产出可以对企业 IPO 后长期市场表现产生显著的影响，有助于投资者获得新的市场投资证据，也为学者的未来学习与研究提供了的重要课题方向。

5. 企业创新对 IPO 后产品市场的反馈表现的影响

资本市场的迅速运作和发展时常会给企业带来源源不断的投资机会，也同时会伴随着风险的存在。行业间的发展揭示了在创新技术不断革新的过程中，投资者对新产品和新服务的不稳定性偏好的这一阴暗面影响。从企业的角度来说，早期进入市场的一方通常会通过新技术的诞生和投资者的刚需来抢占市场先机。在产品市场上，“早起的鸟儿”并不总是赢家，但是“晚来者”几乎总是失败者（Sahlman 和 Stevenson，1985）。由此，企业的 IPO 决策通常是使其进入主导市场的一个门槛，大多数企业上市的主要目的是为了使企业能在资本市场上抢占先机，在 IPO 市场上获得更多的投融资机会，扩展其市场价值和资本，以此增强企业在 IPO 后产品市场上的竞争力和竞争地位。

5.1 引言

创新，作为一个国家的经济驱动力，在各个行业和不同产品市场的建设和可持续性发展中起着决定性的作用。而对于一个企业来说，其创新能力的大小在企业的成长周期中有非常直接的影响。技术创新能力是公司能否上市的主要因素之一，它会给企业带来更高的总市场回报（Hsu，2009）。因此大多数公司会在其适当的条件下选择上市，从而得到更好的股票收益率而增值。另外，企业创新能给其在产品市场上带来更多的不确定性，而这种不确定性也决定了企业在上市后能在其同产业内跟其他对手公司相比占据更多的产品市场竞争力（Maksimovic 和 Pichler，2001；Chod 和 Lyandres，2011）。本章试图通过论证企业 IPO 前的创新对 IPO 决策具有重要影响，进而影响其 IPO 后公司在产品市场上的业绩表现和同产品市场竞争力，并以此来丰富这一领域的研究。因此，此次研究将公司事前创新能力与其上市后产品市场上的反馈表现联系起来，从而扩充新兴国家的 IPO 市场与产品市场之间相关性的研究。

首先，越来越多的学者近年来开始探究金融市场理论与产业组织理论两者之间的相关性。并且，通过研究发现，越来越多的文献的关注点从股票市场逐渐转换到产品市场上，同时探讨这两个市场之间的相互影响，这已然成为学术界研究的热点之一。例如，Irvine 和 Pontiff（2009）研究了产品市场竞争对股票波动异质性的影响。Tookes（2008）研究了产品市场竞争对股票换手率的影响；Peress（2010）研究了产品市场竞争对股票收益的信息含量的影响；Kale 和 Loon（2011）研究了产品市场竞争对股票流动性的影响。Chemmanur 等（2010）实证考察了产品市场的特点（全要素生产率［TFP］、销售增长、市场份额、行业竞争、资本密集度、现金流风险）如何影响公司的 IPO 决策。他们发现公司 IPO 通常出现在其生产力周期达到高峰的时期：全要素生产率（TFP）和销售增长率的动态变化呈现出一个倒“U”形的形态。其次，销售、资本支出和其他业绩变量在 IPO 之后的几年则呈现持续增长的形式。因此，从以往的研究看，学者们逐渐将产业经济学的知识理论与 IPO 市场相接连，以更进一步地研究这两者之间的关系。由此，此研究在前人的基础上，首先构建了 IPO 市场与产品市场之间的桥梁。虽然现有的大量文献研究了资本市场上企业 IPO 对其在 IPO 后经营业绩（财务指标）表现的影响，但鲜有研究以产业经济学的角度来探讨企业 IPO 市场上的相关问题。因此，此研究结合了产业经济学和金融理论探讨了事前企业创新能力对公司 IPO 的决策及对其在 IPO 后产品市场上的反馈表现等方面的影响，这也是本章研究的贡献点之一。

其次，为了更加全面地分析企业在 IPO 后产品市场上的反馈表现，与以往的研究不同的是，我们将此次研究分为两大部分进行分析，一方面是上市后公司在产品市场上的经营业绩表现，另一方面是其上市后在同产品市场上的竞争力的表现。首先，从企业 IPO 的角度来分析，对于企业在 IPO 后的产品市场上的竞争力的研究，根据以往的研究来看，某一企业的上市对同产业中其他竞争对手的影响，存在着两种完全不同的效应。一是 Foster 在 1981 年提出的传染效应，另外一种则是 Jorion 和 Zhang 在 2007 年提出的竞争效应。企业在做是否上市的决策时，取决于其在产品市场上的成本与收益，从产品市场的角度来说，其收益就是指上市是提高了企业在产品市场上的竞争力及其竞争地位，而其成本则是企业需要无条件地披露其私有信息（Jong 等，2012）。然而，从另一角度来看，这里面所要披露的成本包括占据企业发展的重要影响因子，创新资本。大多数创新资本本身存在着高度的机密性和信息不对称性，虽然已有文献证实，企业在做出上市的决策时，自主披露其创新资本或创新能力能有效地向市场传递积极信号，从而有助于市场投资者们准确地了解和评估公司价值而减少 IPO 市场上的抑价现象（徐欣、夏芸和李春涛，2016）。但是，从创新资本的角度来看，极少数的文献分析和实证检验过企业创新资本是否确实对其在 IPO 后产品市场上的竞争力产生影响。然而，从近几年的文献来看，Maksimovic 和 Pichler（2001），Spiegel 和 Tookes（2009）以及 Hsu（2014）的研究认为，企业创新会决定其上市的决策并影响企业所在行业的竞争环境。同时，Hsu（2014）利用行业专利数作为行业科技创新指标发现其研究结果与投资机会假设一致，这一假设指出生产力的提升及较好的投资机会是高科技创新的产物。因此，需求更多资金的公司希望通过上市来获得未来的投资。相应地，创新水平（行业专利数）在企业上市为未来的投资提供资金的决策中起着重要的作用，以期提高企业上市后在产品市场上的竞争力。然而，Kelm 等早在 1995 年就指出技术创新是个非常复杂的过程，会经历开始、失败、新技术产生、专利获得到新产品的诞生等复杂过程。然而企业专利数的获得仅仅只是创新过程中的产出成果，一开始的创新投入往往被忽略其在整个过程中的重要性。因此，从企业创新资本的两个不同维度来看，本章研究的第二个贡献就是将企业 IPO 之前的创新资本分为创新投入（研发投入强度）和创新产出（专利数），探讨两个不同维度的创新资本对企业在 IPO 后产品市场的业绩表现和竞争地位的影响是一致的还是存在截然相反的关系。

第三，与现有研究中对发达国家的研究不一样，中国作为发展中新兴大国，国家国情和各资本市场上的规则制度与发达国家是有着很大区别的。从宏观资本市场的角度考虑，中国 IPO 市场的规则演变非常快速和复杂，与美国这种发达国家相比，中国的 IPO 市场一直存在着许多限制和规则，一方面突出了其独特的市场环境，另一方面也为发展中的新兴市场的转变增添了研究的价值。从微观企业运营视角来考虑，2006 年，中国发布了新的会计准则（CAS），在新的会计准则的操作之下，企业的创新资本，尤其是具有不确定性和不稳定性的研发投入，对企业在产品市场上的影响又会与发达国家和地区有怎样的不同？因此，为了解答以上的问题，且填补这一研究问题的空缺，我们结合中国实际国情和市场上的规则制度，对这一问题进行全面的探讨和分析。

本章将分 5 个部分来进行分析，剩下的部分为：第 5.2 节探讨企业创新资本对其在 IPO 后产品市场上的反馈表现，同时分为 IPO 后产品市场经营业绩表现和 IPO 后产品市场竞争力两大部分进行探讨；第 5.3 节为数据的选取，变量的定义和研究方法；第 5.4 节是实证结果的阐述、分析讨论和稳健性检验。第 5.5 节是这一章节的总结和讨论。

5.2 企业创新及其 IPO 后产品市场的反馈表现

根据 Jain 和 Kini（1999）的研究，上市是一个企业生命周期中最重要的决定之一。在先前的一些文献中，Chemmanur 和 Fulghieri（1999）以及 Maksimovic 和 Pilcher（2001）认为，决定上市可以帮助企业享受低成本股权融资所带来的好处。此外，在最近的研究中，Chod 和 Lyandres（2011）以及 Chemmanur 和 He（2011）的研究表明上市能支持公司成功地击败其竞争对手同时建立公司在产品市场中的地位。这使得产品市场在赋予 IPO

公司股东分散风险的能力方面较私营公司股东更具优势，而这也是公司上市后特殊利润的多样性所带来的优势（Shah 和 Thakor，1988）。这也使得 IPO 公司在产品市场上可以采取比同类私营公司相比更高风险、更具侵略性的经营策略。因此，研究 IPO 市场中公司事前创新与其在产品市场上产品特征的相关性具有重要意义。

Spiegel 和 Tookes（2007）建立了一个模型来检验产品市场上的创新、竞争、公开交易与私募融资决策之间的关系。该模型表明，企业只有在其创新达到较高的水平时才会选择公开上市。此外，Clementi（2002）指出，企业决定上市是由于稳定的生产力受到冲击，使得公司在未达最优化阶段之时的运营成本增加，而公开上市决策可以帮助这些企业的运营达到最优化。因此，他的研究表明，以更高生产率、产出增长和资本支出为特征的公司相比其他公司更愿意上市。Chemmanur、He 和 Nandy（2010）的研究发现，私营企业的全要素生产率（TFP）[①] 作为产品市场上企业的重要决定性特征之一，将从根本上直接影响其上市的可能性，从而使得企业在 IPO 之后的销售、资本支出及其他业绩相关参数均获得增加。Hsu（2014）也发现，处在工业技术革新高涨时期的公司更容易上市。对于这些公司来说，它们将获得更大的股票回报，且其 IPO 后的销售、资本支出以及研发支出增长更快。

因此，根据现有文献，我们可以推测，技术创新高涨阶段企业的生产力和投资机会都会增加，故公司选择上市也是为了能在未来的运营中获得更多投资机会和更高的筹集资金，也由此提高它们在产品市场上的竞争地位。所以，本章研究将此问题分为两部分来全面阐释企业的创新资本、IPO 决策与其 IPO 后产品市场上的反馈表现之间的关系。在第一部分中，我们研究了事前创新对企业 IPO 后的产品市场上的经验业绩表现的影响。在第二部分中，我们检验了事前创新与上市公司在 IPO 后产品市场中的竞争力之间的关系。

---

① 全要素生产率：简称“生产率”，total factor productivity（TFP）。

5.2.1 企业创新资本与其 IPO 后产品市场上的经营业绩表现的关系

5.2.1.1 创新产出（专利数）

现有的文献表明，IPO 后公司的经营业绩正成为一个新兴的全球性研究问题。Jain 和 Kini（1994），Coakley 等（2005），Farinos（2007）分别用来自美国、英国和西班牙的上市企业样本展示了它们 IPO 后的经营业绩呈下降趋势的现象。Wang（2005），Ahmad（2011）和 Wong（2012）发现，对于像马来西亚、中国大陆以及香港这样的新兴经济体也都存在类似现象。然而，在最近的文献中，Spiegel 和 Tookes（2007）构建了一个双寡头竞争模型来检验企业创新、IPO 决策与其业绩之间的相关性。在动态的竞争环境下，当企业在技术创新方面有较大的提升时，企业更愿意选择上市。因此，努力在产品市场提升竞争力的公司将比其他公司具有更好的后市业绩表现（Anthony D. Wilbon，2003）。另外，Hsu（2014）指出，产业层面的专利会对公司的股价、经营业绩、投资乃至 IPO 后的生存能力产生积极而重大的影响。他的研究成果与投资机会的假说相一致，而这一假说显示事前技术革新可以提高企业生产力和增加其在市场上的投资机会。因此，公司为了增加资金来获得未来的投资而决定上市，从而改善其 IPO 后的市场表现（Lowry，2003）。此外，他们认为企业在拥有更高水平的技术创新时期上市的话，可以享受更高的股票收益，对于上市后的销售、资本支出和研发投资也增长得更快，并在上市后发展得更好。

然而，以往的研究中没有考察新兴市场中创新对企业 IPO 后市场表现的影响。因此，在这一章中，我们首先测试创新和企业在 IPO 后产品市场中市场经营业绩之间的关系，而这部分在新兴市场中并未得到充分探索。与以往的研究不同，我们区分了公司创新资本的两种不同形式，即创新投入与创新产出。通过区分两种不同维度的公司创新资本，来分别探讨两种创新资本在 IPO 市场上市后业绩的表现。因此，首先本章参考 Hsu（2014）

的研究，探讨了公司上市前创新产出（专利数）对公司上市之后的绩效的影响。考虑到现有文献的研究缺口，本次研究将创新与产品市场竞争通过企业的 IPO 决策结合起来。为了研究 IPO 前的创新对公司及其在行业中的竞争对手的影响，本次研究采用企业的销售额、利润额以及资本支出作为公司在 IPO 之后的市场表现的指标，来衡量企业 IPO 后在产品市场的经营业绩表现（Chemmanur 等，2010）。以下是与本节相关的可检验假设：

H_{1a}：公司的创新产出（专利数）对其 IPO 后产品市场上的销售额有积极的影响。

H_{2a}：公司的创新产出（专利数）对其 IPO 后产品市场上的利润额有积极的影响。

H_{3a}：公司的创新产出（专利数）对其 IPO 后产品市场上的资本支出有积极的影响。

5.2.1.2 创新投入（研发投入强度）

与创新产出（专利数）不同，创新投入（R&D 活动）从本质上有着高度的不确定性和信息不对称性（Aboody 和 Lev，2000），且这可能会使得公司在资本运作的过程中承载着更多的风险，从而产生一系列的经济后果。Chan 等（2001）就指出，研发密集型的企业有较低的历史回报且显示出错误定价的迹象。Chan 的研究强调了寻找减少研发投入的信息不对称性的方法。许多学者认为，研发投入的资本化提供了这个问题的解决方案。例如，Zhao（2002）研究了在法国、英国、德国和美国市场上的 R&D 的相对价值。他表明，资本化 R&D 和费用型 R&D 的分配情况，在整个研发活动中会为公司提供充足的信息内容，以披露研发活动的成功与否。他的研究进一步表明了，企业的研发投入分为资本化研发投入和费用型研发投入，且两种形式的研发投入对企业的未来业绩会产生不同的影响。Cazavan - Jeny 和 Jeanjean（2006）利用在法国市场的数据，研究认为研发费用同时包含着不成功和成功的项目。而同时，研发费用对之后公司绩效影响的系数符号“可以是负数或正数，取决于不成功的和成功的项目在总数里的占比的相对大小”。在英国采用 IFRS 之后的市场环境下，研发费用将很有可能包括不成功的项目（费用不太可能给公司带来未来的经济效益），因此其对公司未来绩效产生了负的相关影响。除此之外，Tsoligkas 和 Tsalavoutas（2011）指出在 2005 年英国强制实行了国际财务报告准则（IFRS）后，英国上市公司公布合并财务报表上的研发支出也因新的会计准则发生了改变。其研究表明，在 IFRS 期间，资本化的研发投入与企业的市场价值呈显著的正向相关，这表明市场将这类项目视为具有未来经济效益的成功项目。而研发投入费用则与企业的市场价值呈显著负相关性。这一发现也支持了这类研发投入对企业未来经济无显著利好的这一论点。

像在一部分发达国家，如美国和德国，会有所规定其所有发生的研发支出都计入当期的收益或损失之中。然而，不同国家有对于研发支出的不同会计准则。作为新兴发展中大国，中国在 2006 年发布了新会计准则（CAS）和 CAS N. 6。在新的 CAS 准则下，企业资本化 R&D 并不是强制性的，并且管理者可以选择研发投入的报告方式。在 Wang 和 Fan（2014）的研究中，他们发现，研发投资的不同报告方法会影响中国上市公司的市场价值。选择将研发投资资本化的公司其后市的股票价格和回报会更高。相反，那些选择消耗费用型研发支出的公司则有较低的股价和回报。研究还发现，资本化的研发投资与其企业的股票价格是呈正向关联的，而费用化的研发支出与股票价格则呈负相关。对于费用型研发投入，由于它既包括在研发项目成功之前的研发投入，又包含项目失败之前发生的研发费用，这意味着费用型研发投入对企业的后市绩效的正负影响是取决于创新项目的成功与否。因此，通过 IPO 之前的企业招股说明书中对其研发投入的揭露，由于研发投资活动在未来的上市后公司收入中产生不确定性和不可预测性，对于市场投资者而言，费用型的研发投入在企业上市之前是承载着消极的信息投向市场的。因此，对于创新投入（研发投入），我们得出以下的假设：

H_{1b}：公司的创新投入（R&D）对其 IPO 后产品市场上的销售额有负面影响。

H_{2b}：公司的创新投入（R&D）对其 IPO 后产品市场上的利润额有负

面影响。

H_{3b}：公司的创新投入（R&D）对其 IPO 后产品市场上的资本支出有负面影响。

5.2.2 企业创新资本与其 IPO 后产品市场竞争力的关系

从以往的研究来看，IPO 后业绩下降只是 IPO 公司市场表现的一部分现象。随着经济的不断发展和网络信息时代的到来，企业经营活动的不确定性越来越大，市场竞争也日趋激烈。根据“深袋理论”[①]，与同产业的其他竞争对手相比，IPO 公司在资本方面拥有更大的优势。在产品市场上，IPO 公司往往采取产品市场竞争战略（价格战、增产、促销等）来获得比竞争对手更高的地位，甚至迫使竞争对手退出市场。Chemmanur、He 和 Nandy（2010）的研究表明，上市是企业在其生命周期中进入公开资本市场的第一选择，这对它们在产品市场上的表现也有重要影响。这是因为产品市场是公司在实体经济中展现其业绩的第一个重要场所。另外，在有效市场中，实体经济决定了物质资本的配置，并且资本市场应与实体经济相匹配。因此，本章研究的另一个目的是增加有关资本市场与现货市场关系的文献研究以及实证研究证据。

尽管越来越多的研究围绕上市公司 IPO 业绩表现进行探索，但在产品市场上，创新对公司在 IPO 前后竞争力的影响这一领域却少有探索。在 Schumpeter（1912）早期的研究中，他强调了行业竞争力中存在“创造性破坏”的这一观点，暗示创新可以在行业估值上产生更大的（理性或非理性）预期，并孵化额外的项目和投资。这一发现也在 Reinganum（1989）、Hoberg 和 Phillips（2009）的研究中凸显。一些已有的研究表明，当一个行业更具竞争力时，创新可以鼓励更多的公司上市。然而，其中关于企业

① “深袋理论”最初由 Telser 于 1966 年提出，他指出，由于资本市场的不完善，一些财务结构更加脆弱的企业在产品市场中面临着比其他竞争对手限制更多的融资选择。与此相反，财力雄厚的竞争对手将采取降低价格、扩大产量等策略，以抢占其他财务结构脆弱的公司的市场份额，直到把它们踢出市场。

IPO 后竞争力的文献却少之又少。

近年来，学者们开始从产品市场竞争的角度来研究 IPO 动机。Maksimovic 和 Pichler（2001）认为，较高的 IPO 发行价格可以帮助公司提高其在产品市场上的竞争地位，增加其价值，并提升产品市场中客户、供应商、银行和其他投资者对公司的信任水平。Stoughton 等（2001）揭示了在产品市场中 IPO 的动机理论。企业期望从公开市场中获得对其产品质量的独立认证，而这可以提高高质量企业在产品市场中的竞争力。在他们的模型中，消费者可以通过资本市场上企业的股价来识别其产品的质量，这也揭示了拥有高质量产品的公司更容易获得资本。因此，它们可以通过 IPO 获得其在产品市场上的竞争优势。Chod 和 Lyandres（2011）则指出，IPO 有助于公司在资本市场中分散异质风险。故上市公司倾向于采取比非上市公司风险更高的营销策略，以提高其在行业中的竞争地位。因此，根据以上分析，我们提出以下假设：

H_4：企业的创新水平对其 IPO 后产品市场上的相对市场份额（RMS）有积极的影响。

H_5：企业的创新水平对其 IPO 后产品市场上的绝对市场份额（AMS）有积极的影响。

5.3 数据、变量和研究方法

5.3.1 数据筛选

本章研究所选取的上市公司的经济指标数据来源于国泰安数据库（CSMAR）和 RESSET 数据库，其样本的区间为 2009 年 1 月 ~2016 年 12 月。本书选取了在上海和深圳两大交易所上市的 A 股市场上的所有公司，同时选取和筛选的样本删除了 ST、PT 公司。在剔除了缺失数据和缺乏招股说明书的上市公司之后，我们总共得到在 2009 年 1 月 ~2016 年 12 月期间上市的 1451 家上市公司。并且，为了减少 IPO 后短期抑价以及上市后市场投资者情绪高涨对公司财务性指标的影响和干扰，我们对上市公司的财务指标的计算均从企业上市后的 2 个月开始统计与分析。除此之外，公司 IPO 前创新数据来源于公司招股说明书和国家知识产权局官网。所有数据均由 EXCEL VBA 程序和 STATA 14 进行逐步筛选、整理和分析而得，且对样本变量做了 1% 的 Winsorize 缩尾处理。

5.3.2 回归模型

根据以往相关文献的研究，我们将运用 STATA 14 组建普通最小二乘回归（OLS）模型，以用来解释和分析 pre－IPO 期的企业创新资本（包含创新投入和创新产出）对公司 IPO 后产品市场的反馈效应。且由此分为五个模型，两大部分：

5.3.2.1 企业创新资本与其 IPO 后产品市场的经营业绩

$$Sales_{i,t} = a_0 + a_1 R\&D_i + a_2 lnPatent_i + a_3 lnAge_i + a_4 IssPrice_i + a_5 TobinQ_i + a_6 Leverage_i + a_7 UM_i + a_8 VC_i + a_9 Year_i + a_{10} Ind_i + \varepsilon_i \tag{5.3.1}$$

$$Profit_{i,t} = a_0 + a_1 R\&D_i + a_2 lnPatent_i + a_3 lnAge_i + a_4 IssPrice_i + a_5 TobinQ_i + a_6 Leverage_i + a_7 UM_i + a_8 VC_i + a_9 Year_i + a_{10} Ind_i + \varepsilon_i \tag{5.3.2}$$

$$Capex_{i,t} = a_0 + a_1 R\&D_i + a_2 ln\ Patent_i + a_3 lnAge_i + a_4 IssPrice_i + a_5 TobinQ_i + a_6 Leverage_i + a_7 UM_i + a_8 VC_i + a_9 Year_i + a_{10} Ind_i + \varepsilon_i \tag{5.3.3}$$

5.3.2.2 企业创新资本与其 IPO 后产品市场上的竞争力

$$RMS_{i,t} = a_0 + a_1 R\&D_i + a_2 ln\ Patent_i + a_3 lnAge_i + a_4 IssPrice_i + a_5 TobinQ_i + a_6 Leverage_i + a_7 UM_i + a_8 VC_i + a_9 Year_i + a_{10} Ind_i + \varepsilon_i \tag{5.3.4}$$

$$AMS_{i,t} = a_0 + a_1 R\&D_i + a_2 lnPatent_i + a_3 lnAge_i + a_4 IssPrice_i + a_5 TobinQ_i + a_6 Leverage_i + a_7 UM_i + a_8 VC_i + a_9 Year_i + a_{10} Ind_i + \varepsilon_i \tag{5.3.5}$$

其中，对企业创新资本而言：创新投入为 R&D，是企业上市前研发投入强度；创新产出为专利数（Patent），是企业上市前专利数（取对数）。对于企业 IPO 后产品市场的经营业绩而言，Sales 是企业 IPO 之后的销售量（取对数）；Profit 是企业 IPO 之后的利润额（取对数）；Capex 是企业 IPO 之后的资本支出（取对数）。其他控制变量包含企业年龄（lnAge）、发行价格（IssPrice）、托宾 Q 值（TobinQ）、企业杠杆值（Leverage）、主承销商声誉（UW）、风险投资（VC）、上市年份（Year）和上市公司所在产品市场（Ind）。这些变量将在下一节内容中做详细阐述。

5.3.3 变量

5.3.3.1 因变量

（1）IPO 后产品市场上的经营业绩表现。

我们首先检验创新对 IPO 后产品市场上经营业绩的影响。如果公司决定公开上市，是由于在其所处行业的投资机会增加，那么在 IPO 之后，公司在产品市场上应具有较强的竞争力。我们沿用 Chemmanur 等（2010）的方法，在这一章的第一个实证部分以销售额、利润额及资本支出来表示产品市场的经营业绩特点并进行实证检验。

第一，我们按照 Campello（2003）的方法采用企业 IPO 之后的年度销售额，公式为：

$$Sales_{i,t} = lnS_{i,t} = \ln Sales_{i,t} \tag{5.3.6}$$

为了避免 IPO 后短期的抑价和高涨的市场投资情绪对本研究的干扰，我们运用每个企业 IPO 两个月之后开始计算的第一年到第五年公司销售额来作为经营业绩表现的衡量指标之一，并且之后的财务数据选取中都避开了 IPO 之后的两个月的短期异象时期。

第二，我们将公司在 IPO 后 5 年的年度利润作为衡量其在产品市场上的经营业绩表现的另一项指标。

$$Profit_{i,t} = lnP_{i,t} = \ln Profit_{i,t} \tag{5.3.7}$$

第三，根据 Hsu（2014）的研究，我们同时也测试了 IPO 后公司的投资支出。我们运用资本支出作为第三个经营业绩表现的衡量指标。同时，为了减少数据的重叠和共线性，这一部分的资本支出的处理是在剔除了企业的研发支出费用的前提下而得到的最终变量。

$$Capex_{i,t} = lnC_{i,t} = \ln Capex_{i,t} \tag{5.3.8}$$

（2）IPO 后产品市场竞争力。

第二部分检验 IPO 公司在产品市场上的竞争力。Venkatraman 和 Prescott 早在 1990 年的研究指出，市场份额是公司盈利能力的强有力的预测指标。随着研究的进一步发展，在许多现有的文献中，很多学者用市场份额来间接地衡量企业在产品市场上的业绩和竞争力（Greve，1999；Sarkar 等，2001；Tanriverdi 和 Lee，2008；宋渊洋 和 李元旭，2013）。且现有文献中有两种方法来衡量公司在产品市场中的市场占有率。

绝对市场份额（AMS）：在同一类产品市场中（即同一行业中），公司销售的产品或服务（销售量）占同产品市场总销售量的百分比。

$$AMS_{i,t}=\frac{IPO\text{公司的销售额}_{i,t}}{\text{同产业内所有上市公司的销售额总和}_t}\times 100\% \quad (5.3.9)$$

相对市场份额（RMS）（Anderson 和 Zeithaml，1984）：在同一类产品市场中，公司销售的产品或服务（销售量）与同产品市场上的前三名竞争对手公司的总销售量的百分比。

$$RMS_{i,t}=\frac{IPO\text{公司的销售额}_{i,t}}{\text{同产业内前三名上市公司的销售额总和}_t}\times 100\% \quad (5.3.10)$$

5.3.3.2 自变量

（1）创新投入（研发投入强度）。

创新投入，也即研发投入，通过收集在 2009 年 1 月 ~2016 年 12 月期间在 A 股市场上市的企业的招股说明书，本书将其 1451 个公司在上市前一年、两年在招股说明书中所披露的研发投入手工归纳与整理出来。并且定义创新投入为：①公司上市前一年的 R&D 强度表示为上市前一年的研发投入资金与上市前一年的公司资产总额的比值，符号为 R&D_1；②公司上市前两年的 R&D 强度表示为上市前两年的研发投入资金与上市前两年的公司资产总额的比值，符号为 R&D_2；③公司上市前两年的平均 R&D 强度表示为上市前两年的 R&D 强度的平均值，符号为 R&D。

（2）创新成果（专利数）。

创新产出，即专利数，本书通过各个上市公司的招股说明书，手工收集各个公司的专利数量，其中包含企业的发明专利、实用新型专利和外观设计专利。同时也通过中国国家知识产权局官网，对上市公司的专利数进行合并和校对，从而得出最终的创新产出的变量值。

(3) 控制变量：控制变量有如下 8 个。

其一，企业年龄（lnAge）：企业 IPO 年份减去企业成立年份加 1 的总和取对数。

其二，托宾 Q 值（TobinQ）：在给定年 IPO 公司的市值与账面价值的比率。

其三，杠杆率（leverage）：在给定年 IPO 公司总债务与总资产的比率。

其四，发行价格（IssPrice）：公司新股发行时的股票发行价格。

其五，承销商声誉（UW）：主承销商声誉①，虚拟变量。根据中国证监会发布的关于券商承销与保荐业务净收入排名报告，企业上市时其主承销商是在此排名中前十的券商，此变量取值为 1，否则为 0。

其六，风险投资（VC）：风险投资，虚拟变量。在公司上市之前是否有风险投资股东持股，有的则为 1，否则为 0。

其七，IPO 年份（Year）：企业 IPO 所在年度，虚拟变量。若企业是处于该年度，则取值为 1，否则 0。

其八，行业（IND）：企业所在产品市场（行业），虚拟变量。若企业是处于该产品市场（行业），则取值为 1，否则为 0。

5.4 实证结果

5.4.1 描述性统计

表 5－1 对主要的变量和控制变量进行了描述性统计。其中对于企业销售额（Sales）、利润额（Profit）和资本支出（Capex）在 IPO 后 1、2、3、

---

① 根据企业上市前的招股说明书，可以得到企业上市时的承销商信息，有多个承销商的上市公司，若其中有至少 1 个排名前十的承销商，则 UW 变量的取值也为 1。

4 及 5 年的数据分别进行了取自然对数，以之后的值来整理和统计，从表中 3 个经典财务绩效数据的平均值可以看出，在企业 IPO 之后的 5 年里，这 3 个指标都随着时间的推移而不断增长。除此之外，绝对市场份额（AMS）与相对市场份额（RMS）均以百分比进行统计整理。通过比较企业 IPO 后 5 年的绝对市场份额与相对市场份额，可以看出 IPO 后 5 年的相对市场份额的平均值位于 1.3% ~1.6% 的范围，而绝对市场份额的平均值则分布在 0.6% ~0.8% 的范围。并且对两个变量的最大值和最小值进行比较，可以看出相对市场份额和绝对市场份额的最小值均趋近于 0，而最大值的区间值则高达 83% ~86%，被中国化学（601117）所夺得。另外，从企业创新资本的视角来看，创新投入（R&D）强度的 3 个值，即 R&D_1、R&D_2 和 R&D 的平均值分别为 0.0711、0.0658 和 0.0684。他们的最小值趋近于 0，而最大值则为 20 左右，为康弘药业（002773）。同时，中国上市公司的创新产出（专利数）的平均值约为 75 项，最大值则为 7713 项，被比亚迪（002594）所持有。无论是从创新投入（R&D），还是从创新产出（专利数）的数值来看，与其他发达国家相比，中国作为发展中新兴大国，其上市公司的创新资本以及创新能力是位于世界前列的，由此也将逐步趋向于习总书记对于“中国需力争成为创新型大国”的目标。

表 5-1　描述性统计

Variable	Obs	Mean	Std. Dev.	Min	Max
Sales_1yr	1441	2.46E+09	1.47E+10	7.53E+07	2.96E+11
Sales_2yr	1216	3.08E+09	1.99E+10	6.59E+07	3.78E+11
Sales_3yr	999	3.97E+09	2.59E+10	7.51E+07	4.91E+11
Sales_4yr	875	4.79E+09	3.09E+10	5.90E+07	5.72E+11
Sales_5yr	874	5.41E+09	3.49E+10	6924908	6.82E+11
Profit_1yr	1441	3.52E+08	3.35E+09	-3.25E+08	1.19E+11
Profit_2yr	1216	3.91E+08	4.67E+09	-1.15E+09	1.57E+11
Profit_3yr	999	4.73E+08	6.10E+09	-1.97E+09	1.87E+11
Profit_4yr	875	5.39E+08	7.39E+09	-8.29E+09	2.12E+11

续表

Variable	Obs	Mean	Std. Dev.	Min	Max
Profit_5yr	874	6. 32E +08	8. 08E +09	-3. 24E +09	2. 31E +11
Capex_1yr	1441	2. 37E +08	1. 29E +09	1. 18E +05	2. 66E +10
Capex_2yr	1216	3. 05E +08	1. 39E +09	1. 48E +06	2. 51E +10
Capex_3yr	999	3. 81E +08	2. 04E +09	9. 91E +05	4. 28E +10
Capex_4yr	875	3. 85E +08	2. 41E +09	1. 07E +06	5. 20E +10
Capex_5yr	874	3. 74E +08	1. 99E +09	2. 08E +05	4. 14E +10
RMS_1yr	1411	1. 3129	5. 8235	0. 0119	84. 9101
RMS_2yr	1190	1. 4280	6. 3342	0. 0050	83. 0871
RMS_3yr	987	1. 4598	5. 9133	0. 0069	84. 3815
RMS_4yr	880	1. 6365	6. 7825	0. 0060	85. 3931
RMS_5yr	876	1. 4834	5. 3262	0. 0022	86. 2365
AMS_1yr	1411	0. 6849	4. 8411	0. 0017	78. 0843
AMS_2yr	1190	0. 7553	5. 2719	0. 0008	75. 8188
AMS_3yr	987	0. 7485	4. 6617	0. 0014	74. 6460
AMS_4yr	880	0. 8515	5. 4083	0. 0009	75. 8713
AMS_5yr	876	0. 6489	3. 7582	0. 0003	74. 3130
Patents	1271	75. 1298	278. 7461	1	7713
R&D_1	1302	0. 0711	0. 6374	3. 86E -05	20. 7642
R&D_2	1302	0. 0658	0. 5653	0	19. 1856
R&D	1302	0. 0684	0. 6003	1. 93E -05	19. 9749
lnAge	1451	2. 2351	0. 6194	0	3. 5835
IssPrice	1451	21. 5589	13. 8767	1. 5	148
TobinQ	1451	3. 7654	2. 6070	0. 0084	30. 3950
Leverage	1451	0. 2517	0. 1759	0. 0110	0. 9475
UW	1451	0. 4590	0. 4985	0	1
VC	1451	0. 6809	0. 4663	0	1

5.4.2 企业创新与其 IPO 后产品市场经营业绩表现的关系

5.4.2.1 企业创新资本对企业上市后产品市场销售额的影响

根据表 5－2 中的模型结果①可以知道，首先从创新产出来看，企业 IPO 之前的创新产出（专利数）对企业 IPO 后产品市场上的销售额在模型 1 到模型 5 中均在 1% 的显著水平上呈正向影响。同时也说明了，企业上市前的创新产出越高，其 IPO 之后连续 5 年的产品市场上的销售额会逐渐上涨。投资者对于企业的专利数会产生积极的投资态度，并对企业在其 IPO 后产品市场上的销售业绩有正面的影响。同时，这也印证了研究中的假设 H_{1a}。另外，从创新投入的角度来看，模型 1 到模型 5 中，R&D 的系数均在 1% 的显著水平上为负。企业 IPO 之前的创新投入（R&D 强度）对企业 IPO 之后的产品市场上的业绩表现为负相关，意味着企业 IPO 之前的研发投入越多，其 IPO 之后的企业产品市场上的销售额反而会越小，并且这种负向效应一直从企业上市后 1 年持续至其后 5 年。企业上市前的研发投入存在不确定性和不稳定性，研发创新资本的投入大小不能直接决定创新项目或创新活动的成功与否。因此，表 5－2 中的结果显示这与前文的分析假设 H_{1b} 也完全吻合。

除此之外，对于其他控制变量，上市公司的年龄会对企业产品市场上的销售额产生非常显著的负向影响，且这种负向相关性在企业上市后 1 年持续至 5 年，分别在前 4 年均为 1% 和第 5 年 5% 的水平下显著。公司成立时间越久，在其上市之后 5 年的时间里产品市场上的销售额越少。另外，发行价格同样对公司产品市场上的销售额有显著影响，而不同的是，企业上市时的发行价格越高，其在上市之后的销售额也就会越高。并且，这种正向影响在企业上市后 5 年间均在 1% 的水平下显著相关。与此同时，企业上市时的杠杆率和其主承销商声誉对上市后的销售额均有正向影响。这一发现说明，企业上市时的杠杆率越高，其之后在产品市场上的销售额越

① 样本数据由 STATA 14.0 经过 winzorize 缩尾处理得到模型回归结果。

高；企业上市时所选择的主承销商的声誉越好，其在上市之后产品市场上的销售额也就越高。且杠杆率对销售额在企业上市后 5 年的时间里均在 1% 的水平下显著，而主承销商声誉对其销售额的影响也在上市后前 4 年的时间里在 1% 的水平下显著，第 5 年在 5% 的水平下显著。另外，企业上市时的托宾 Q 值和风险投资则对其上市后第 1 年的销售额在 5% 的显著水平下有负向影响。而两者不同的是，企业上市的风险投资对上市后销售额有持续的负向作用，而企业上市时的托宾 Q 值则随着上市时间的增加，逐渐由负向影响转变为正向影响。

表 5-2　IPO 后 5 年内创新资本对公司销售额的影响

VARIABLES	Model 1	Model 2	Model 3	Model 4	Model 5
	Sales_1yr	Sales_2yr	Sales_3yr	Sales_4yr	Sales_5yr
lnPatent	0.167***	0.178***	0.190***	0.196***	0.191***
	(0.000)	(0.000)	(0.000)	(0.000)	(0.000)
R&D	-2.215***	-2.146***	-1.868***	-4.992***	-4.714***
	(0.000)	(0.000)	(0.003)	(0.000)	(0.000)
lnAge	-0.148***	-0.135***	-0.152***	-0.152***	-0.134**
	(0.000)	(0.002)	(0.001)	(0.002)	(0.014)
IssPrice	0.0112***	0.0108***	0.0111***	0.0109***	0.00974***
	(0.000)	(0.000)	(0.000)	(0.000)	(0.000)
TobinQ	-0.0276**	-0.0142	0.00754	0.0310	0.0474
	(0.033)	(0.282)	(0.680)	(0.235)	(0.106)
Leverage	3.631***	3.687***	3.774***	3.782***	3.500***
	(0.000)	(0.000)	(0.000)	(0.000)	(0.000)
UW	0.187***	0.183***	0.211***	0.176***	0.135**
	(0.000)	(0.000)	(0.000)	(0.004)	(0.047)
VC	-0.109**	-0.0598	-0.0471	-0.000232	-0.00778
	(0.037)	(0.261)	(0.421)	(0.997)	(0.914)
Constant	18.54***	18.68***	19.09***	18.95***	18.97***
	(0.000)	(0.000)	(0.000)	(0.000)	(0.000)

续表

VARIABLES	Model 1	Model 2	Model 3	Model 4	Model 5
	Sales_1yr	Sales_2yr	Sales_3yr	Sales_4yr	Sales_5yr
Mean VIF	1.08	1.08	1.09	1.13	1.13
Observations	921	921	832	726	725
R - squared	0.580	0.571	0.543	0.523	0.438
Industry	YES	YES	YES	YES	YES
Year	YES	YES	YES	YES	YES

注：括号内为 P 值。

*** 为在 1% 的显著水平下显著，** 为在 5% 的显著水平下显著，* 为在 10% 的显著水平下显著。

5.4.2.2 企业创新资本对企业上市后产品市场利润额的影响

在探究企业上市后产品市场的业绩表现的时候，我们同时将企业上市后的利润额也作为参考指标之一。因此，表 5 - 3 的 5 个模型探讨了企业创新资本对其上市后的利润额的影响。首先，从创新产出（专利数）的角度来看，模型 1 到模型 5 的企业专利数的系数均为正，且均在 1% 的水平下显著相关。这一发现与前文的 H_{2a} 假设完全相符，即也可以表示为，IPO 之前的企业的专利获得数越多，其之后产品市场上的利润额也会逐渐增长。从表 5 - 2 中企业专利数对销售额的正向影响和表 5 - 3 中专利数对利润额的正向影响总结来看，IPO 之前的专利数能为企业在产品市场上的业绩带来上升趋势，因此，专利数作为企业的创新产出能给市场传达出积极的信号。另外，从创新投入（R&D 强度）的视角来看，研发投入强度则与前文的假设 H_{2b} 的分析一致。模型 1 到模型 5 中，R&D 的系数均为负数，且分别在 5%、10%、5%、1% 和 5% 的水平下显著。由此，企业上市前的研发投入强度越大，其在上市后产品市场上的利润额将减少。与销售额一样，研发投入的不确定性会对企业上市后的表现产生负面影响。

除此之外，与销售额的分析结果不同的是，公司上市时的年龄对公司上市后 5 年的利润额的影响没有持续显著为负的情况，其显著的负面影响只有在企业上市后的第 1 年时间里在 1% 的水平下显著为负。与此同时，企业上市时的托宾 Q 值在除了上市后第 1 年对其利润额没有显著正向影响之外，从上市后的第 2 年一直持续到第 5 年都在 1% 的显著水平下对企业上市后产品市场的利润额有正面影响。另外，与表 5 - 2 里面的系数符号相同，企业上市时的发行价格和杠杆率均对上市后的利润额在 1% 的水平下有显著的正向影响。

表 5 - 3　　IPO 后 5 年内创新资本对公司利润额的影响

VARIABLES	Model 1	Model 2	Model 3	Model 4	Model 5
	Profit_1yr	Profit_2yr	Profit_3yr	Profit_4yr	Profit_5yr
lnPatent	0. 151 ***	0. 164 ***	0. 245 ***	0. 239 ***	0. 220 ***
	(0. 000)	(0. 000)	(0. 000)	(0. 000)	(0. 000)
R&D	- 1. 442 **	- 1. 286 *	- 1. 445 **	- 5. 210 ***	- 3. 047 **
	(0. 017)	(0. 095)	(0. 040)	(0. 007)	(0. 020)
lnAge	- 0. 174 ***	- 0. 0742	- 0. 0440	- 0. 0984	- 0. 122
	(0. 000)	(0. 182)	(0. 528)	(0. 233)	(0. 153)
IssPrice	0. 0200 ***	0. 0212 ***	0. 0225 ***	0. 0182 ***	0. 0169 ***
	(0. 000)	(0. 000)	(0. 000)	(0. 000)	(0. 000)
TobinQ	0. 0184	0. 0517 ***	0. 0733 ***	0. 135 ***	0. 120 ***
	(0. 171)	(0. 005)	(0. 007)	(0. 003)	(0. 007)
Leverage	1. 439 ***	1. 601 ***	1. 759 ***	1. 863 ***	1. 371 ***
	(0. 000)	(0. 000)	(0. 000)	(0. 000)	(0. 003)
UW	0. 205 ***	0. 267 ***	0. 364 ***	0. 132	0. 251 **
	(0. 000)	(0. 000)	(0. 000)	(0. 197)	(0. 017)
VC	- 0. 133 **	- 0. 0366	- 0. 187 **	0. 0732	- 0. 0146
	(0. 014)	(0. 601)	(0. 035)	(0. 497)	(0. 896)
Constant	16. 97 ***	16. 69 ***	16. 26 ***	15. 70 ***	15. 31 ***
	(0. 000)	(0. 000)	(0. 000)	(0. 000)	(0. 000)
Mean VIF	1. 08	1. 09	1. 09	1. 12	1. 13
Observations	918	889	778	654	641
R - squared	0. 393	0. 330	0. 290	0. 235	0. 224
Industry	YES	YES	YES	YES	YES
Year	YES	YES	YES	YES	YES

注：括号内为 P 值。

*** 为在 1% 的显著水平下显著，** 为在 5% 的显著水平下显著，* 为在 10% 的显著水平下显著。

5.4.2.3 企业创新资本对企业上市后产品市场资本支出的影响

表 5－4 显示了创新资本对企业上市后产品市场资本支出的影响，为了减少共线性，研究中企业上市后的资本支出是在剔除了上市后公司的研发支出之后得出的。首先，从企业上市前创新产出（专利数）来看，模型 1 到模型 5 中的专利数的系数均在 1% 的水平下对企业上市后产品市场的资本支出有显著的正面影响。这个正面影响持续至企业上市后 5 年，与前文的 H_{3a} 假设相一致。然而，从企业上市前创新投入（R&D 强度）的角度来看，与销售额和利润额不同的是，企业上市前研发投入对其 IPO 之后产品市场上的资本支出的系数是负的，但是却并没有显现出非常显著的影响。然而随着时间的推进，我们发现这种负向影响在公司上市后第 5 年在 10% 的水平下有显著的影响，从表 5－4 中的模型 5 可以看到。因此，随着时间的推移，公司上市前研发投入的强度对企业上市后第 5 年开始的资本支出有着显著负向影响（H_{3b}）。

另外，公司上市时的年龄对上市后的资本支出有负向影响，且这种影响从上市后第 1 年至第 5 年均在 1% 的水平下显著。公司上市时的发行价格对其资产支出的影响与其对销售额和利润额的影响一样，在上市后 5 年里都在 1% 的水平下显著正相关。同时，企业上市时的杠杆率也对上市后 5 年内的资本支出在 1% 的水平下显著正相关。然而，公司上市时的托宾 Q 值的系数为正，但却并没有表现出任何显著影响。不同的是，企业上市时的主承销商声誉对上市后 5 年内的资本支出都有显著的正向影响，且分别在 1%、1%、10%、1% 和 10% 的水平下显著。与此同时，与之前的表 5－2 和表 5－3 里面得到的结果相似，在上市前有风险投资的企业比没有风险投资的企业在上市后产品市场上的销售额、利润额和资产支出都要小，且这种负向影响都只在企业上市后第 1 年在 5% 的水平下显著相关。除此之外，我们在对销售额、利润额和资本支出做出回归分析之后，为了检查各变量之间的多重共线性，我们同时运用了方差膨胀因子 VIF（Variance Inflation Factor）对各组模型和其中各个变量进行多重共线性的检查，检验得到表 5－2、表 5－3 及表 5－4 中的各组模型的 Mean VIF 数值均小于 1.13，由此排除了研究模型的多重共线性的问题。

表 5－4　　IPO 后 5 年内创新资本对公司资本支出的影响

VARIABLES	Model 1	Model 2	Model 3	Model 4	Model 5
	Capex_1yr	Capex_2yr	Capex_3yr	Capex_4yr	Capex_5yr
lnPatent	0.124***	0.142***	0.164***	0.197***	0.208***
	(0.000)	(0.000)	(0.000)	(0.000)	(0.000)
R&D	－0.776	－0.633	－1.296	－0.634	－2.526*
	(0.363)	(0.407)	(0.360)	(0.691)	(0.083)
lnAge	－0.286***	－0.204***	－0.174***	－0.234***	－0.250***
	(0.000)	(0.000)	(0.004)	(0.001)	(0.002)
IssPrice	0.0124***	0.00831***	0.00993***	0.0105***	0.0128***
	(0.000)	(0.001)	(0.000)	(0.001)	(0.000)
TobinQ	0.0180	0.0192	0.0252	0.0366	0.0609
	(0.343)	(0.380)	(0.440)	(0.320)	(0.155)
Leverage	3.600***	2.541***	2.597***	2.298***	2.463***
	(0.000)	(0.000)	(0.000)	(0.000)	(0.000)
UW	0.207***	0.197***	0.137*	0.266***	0.190*
	(0.004)	(0.003)	(0.072)	(0.002)	(0.066)
VC	－0.174**	－0.0786	0.0365	－0.0363	－0.00508
	(0.023)	(0.263)	(0.649)	(0.688)	(0.962)
Constant	16.76***	17.40***	18.81***	17.98***	17.34***
	(0.000)	(0.000)	(0.000)	(0.000)	(0.000)
Mean VIF	1.08	1.09	1.13	1.13	1.12
Observations	921	832	726	725	606
R－squared	0.417	0.365	0.356	0.289	0.288
Industry	YES	YES	YES	YES	YES
Year	YES	YES	YES	YES	YES

注：括号内为 P 值。

*** 为在 1% 的显著水平下显著，** 为在 5% 的显著水平下显著，* 为在 10% 的显著水平下显著。

5.4.3 企业创新与其 IPO 后产品市场竞争力的关系

5.4.3.1 企业创新资本对企业上市后产品市场相对市场份额的影响

在这一部分，我们探讨了企业 IPO 之前的创新资本对企业上市之后的产品市场上的竞争力的影响。我们首先以相对市场份额为因变量，考察了企业创新资本，即创新产出（专利数）和创新投入（R&D 强度），在企业上市后连续 5 年的时间里对其在产品市场上的相对市场份额的影响。从表 5－5 可以看出，企业上市前的创新资本对其 IPO 后产品市场的相对市场份额有正向影响，即企业上市前的创新资本越多，则其在上市之后的产品市场上的竞争力越大。这一发现与前文的 H_4 的假设相一致。而从创新产出（专利数）和创新投入（R&D 强度）两个角度分开来考察时，可以看出创新产出对企业产品市场上的相对市场份额在 1% 的水平下显著正相关，而创新投入的系数为正，却并没有表现出其显著性。因此，相较于创新投入，企业上市前的创新产出对其 IPO 后产品市场的竞争力的影响会更加显著。除此之外，表 5－5 还显示了其他控制变量对企业相对市场份额的影响，其中只有企业年龄和企业杠杆率对其上市后产品市场的相对市场份额有显著的影响。企业上市时的年龄越大，其在产品市场上的竞争力就越有局限，并且这种负向相关性在 1% 的水平下显著且持续至企业上市后的第 5 年。另外，企业杠杆率对企业相对市场份额呈正相关性，且在 1% 的水平下显著，这种正向影响同时持续至企业上市后第 5 年。

表 5－5　企业创新对其 IPO 后产品市场的相对市场份额的影响

VARIABLES	Model 1	Model 2	Model 3	Model 4	Model 5
	RMS_1yr	RMS_2yr	RMS_3yr	RMS_4yr	RMS_5yr
lnPatent	0.467***	0.493***	0.521***	0.628***	0.564***
	(0.000)	(0.000)	(0.000)	(0.000)	(0.000)
R&D	0.0640	0.198	0.542	5.587	0.920
	(0.983)	(0.947)	(0.866)	(0.397)	(0.877)

续表

VARIABLES	Model 1	Model 2	Model 3	Model 4	Model 5
	RMS_1yr	RMS_2yr	RMS_3yr	RMS_4yr	RMS_5yr
lnAge	-0.714 ***	-0.771 ***	-0.698 ***	-0.650 **	-0.698 ***
	(0.001)	(0.000)	(0.003)	(0.022)	(0.007)
IssPrice	-0.00528	-0.00836	-0.00397	0.00550	-0.00274
	(0.584)	(0.390)	(0.704)	(0.675)	(0.817)
TobinQ	-0.0763	-0.0832	-0.152	-0.0490	-0.223
	(0.242)	(0.214)	(0.103)	(0.747)	(0.106)
Leverage	3.446 ***	4.049 ***	3.897 ***	4.213 ***	4.633 ***
	(0.000)	(0.000)	(0.001)	(0.006)	(0.001)
UW	0.330	0.391	0.366	0.458	0.423
	(0.181)	(0.119)	(0.193)	(0.195)	(0.187)
VC	-0.150	-0.124	-0.179	-0.398	-0.224
	(0.567)	(0.642)	(0.546)	(0.286)	(0.507)
Constant	2.008	2.066	3.321	2.342	3.185
	(0.299)	(0.290)	(0.159)	(0.417)	(0.223)
Mean VIF	1.08	1.08	1.09	1.13	1.12
Observations	921	911	815	726	722
R - squared	0.300	0.335	0.332	0.302	0.330
Industry	YES	YES	YES	YES	YES
Year	YES	YES	YES	YES	YES

注：括号内为 P 值。

*** 为在 1% 的显著水平下显著，** 为在 5% 的显著水平下显著，* 为在 10% 的显著水平下显著。

5.4.3.2 企业创新资本对企业上市后产品市场绝对市场份额的影响

在考察企业上市后产品市场上的竞争力的时候，除了用相对市场份额这一变量来衡量企业产品市场竞争力，本节研究还加入了绝对市场份额这一变量来全面考察企业上市后产品市场竞争力的情况。这也同时作为探讨产品市场竞争力时对不用计算方法所获得的市场份额这一变量的另外一种衡量方式，因此，同时也起到了对市场份额的稳健性测试的作用。表 5 - 6

中的结果显示，企业上市前的创新资本越多，其上市后在产品市场上的竞争力就越大，即其产品市场上的绝对市场份额也就越高，这一发现与前文的 H_5假设相同。同时，若将创新资本拆分来看：首先，从创新产出的角度看，企业上市前的专利数越多，其在上市后产品市场上的竞争力就越高，且这种正向影响从公司上市后的第 1 年持续至第 5 年，分别在 5%、1%、1%、1% 和 5% 的水平下显著。其次，从创新投入的视角来看，表 5 - 6 显示出研发投入强度在模型 1 到模型 5 里的系数均为正，显示出了其对企业上市后产品市场的绝对市场份额有正面影响。然而，结果显示在上市后的 5 年里，这种正面影响并没有呈现出显著性。这也意味着与表 5 - 5 中的相对市场份额一样，企业创新资本中的创新产出对其在产品市场上的竞争力的正面影响更加显著。同时也印证了结果的稳健性。除此之外，其他控制变量对企业产品市场的绝对市场份额与对其相对市场份额的表现相同。企业年龄对企业 IPO 后持续 5 年的产品市场上的绝对市场份额呈负相关性，且分别在 1%、5%、5%、10% 和 5% 的水平下显著相关。企业杠杆率对公司 IPO 后持续 5 年的产品市场上的绝对市场份额则呈现正相关性，且第 1 年、第 2 年在 5% 的水平下和第 3 年、第 5 年在 10% 的水平下显著相关。另外，表 5 - 5 和表 5 - 6 里面的模型和各个变量，均通过了 VIF 的检验，且其所有模型的结果显示，Mean VIF 均小于 1.13，因此，模型和变量通过了多重共线性的检验。

表 5 - 6　企业创新对其 IPO 后产品市场的绝对市场份额的影响

VARIABLES	Model 1	Model 2	Model 3	Model 4	Model 5
	AMS_1yr	AMS_2yr	AMS_3yr	AMS_4yr	AMS_5yr
lnPatent	0.209**	0.245***	0.257***	0.323***	0.260**
	(0.019)	(0.008)	(0.008)	(0.009)	(0.016)
R&D	0.794	0.613	1.133	2.006	2.796
	(0.723)	(0.790)	(0.636)	(0.684)	(0.514)
lnAge	-0.427***	-0.425**	-0.396**	-0.351*	-0.404**
	(0.008)	(0.010)	(0.022)	(0.099)	(0.029)

续表

VARIABLES	Model 1	Model 2	Model 3	Model 4	Model 5
	AMS_1yr	AMS_2yr	AMS_3yr	AMS_4yr	AMS_5yr
IssPrice	-0.00639	-0.00923	-0.00672	-4.74e-05	-0.00565
	(0.387)	(0.224)	(0.388)	(0.996)	(0.507)
TobinQ	-0.0578	-0.0615	-0.119*	-0.0664	-0.193*
	(0.247)	(0.238)	(0.085)	(0.559)	(0.052)
Leverage	1.470**	1.907**	1.625*	1.767	1.905*
	(0.047)	(0.013)	(0.052)	(0.120)	(0.054)
UW	0.204	0.247	0.214	0.298	0.246
	(0.280)	(0.206)	(0.305)	(0.259)	(0.286)
VC	-0.0822	-0.0583	-0.0868	-0.269	-0.151
	(0.683)	(0.778)	(0.694)	(0.335)	(0.534)
Constant	1.727	1.573	2.240	1.684	2.449
	(0.244)	(0.301)	(0.202)	(0.436)	(0.192)
Mean VIF	1.08	1.08	1.09	1.13	1.12
Observations	921	911	815	726	722
R-squared	0.245	0.291	0.315	0.275	0.295
Industry	YES	YES	YES	YES	YES
Year	YES	YES	YES	YES	YES

注：括号内为 P 值。

*** 为在 1% 的显著水平下显著，** 为在 5% 的显著水平下显著，* 为在 10% 的显著水平下显著。

5.4.4 稳健性检验

为了使研究结果更加具有说服力，我们进一步地加入了测试回归结果的稳健性检验。首先对于自变量的创新资本，在稳健性检验中，我们将创新投入（R&D 强度）用前 1 年和前 2 年的研发投入强度来分别带入进因变量在企业产品市场销售额、利润额和资本支出的模型中进行新的回归检测。表 5-7、表 5-8 和表 5-9 的回归结果表明，无论是采用前 1 年还是前 2 年的研发投入进行检验，其结果与之前所得到的结果相一致。表 5-7 以企业上市后产品市场的销售额为因变量，再次检测了创新资本对其的影响，结果显示企业上市前 1 年和前 2 年的研发投入强度越多，企业之后在产品市场上的销售额则会越少，且均在上市后持续 5 年时间里在 1% 的水平下显著相关。表 5－8 中以产品市场上的利润额为因变量，考察了上市前 2 年的研发投入强度对其的影响。其结果显示无论是第 1 年的研发投入强度还是第 2 年的研发投入强度对利润额都有非常显著的负向影响。这一检测结果与之前所得到的结果相同，且符合前文的假设分析。除此之外，表 5－9 以同样的方式考察了创新资本对资本支出的影响，上市前 1 年和前 2 年的研发投入强度对企业产品市场上的资本支出是负向影响，然而与之前得到的结果一致，在企业上市后的前 4 年时间里这种负向相关性并不显著。但是，随着时间的推移，企业上市前的研发投入强度对其产品市场上的影响会越来越显著。因此，也说明了企业的研发投入的这一创新投入资本在企业的运营过程中是具有累积性和滞后性的作用的（Penman 和 Zhang，2002）。

5.5　本章小结

本章探讨了企业 IPO 前创新资本对其在 IPO 后产品市场上的反馈表现的影响研究。通过将企业的创新资本分为创新投入（研发投入强度）和创新产出（专利数），来衡量这两种不同维度的创新资本对企业在 IPO 后产品市场上的影响。以 2009 年 1 月～2016 年 12 月期间在中国 A 股市场上市的企业为研究对象，同时手动收集和整理了其在 IPO 招股说明书中的创新资本数据，最终筛选获得 1451 个 IPO 样本数据。1451 个上市公司的财务数据来源于 CSMAR 国泰安和 RESSET 数据库，通过 EXCEL VBA 和 STATA 14 对研究样本进行了实证研究和分析。与以往研究不同，我们将 IPO 后企业在产品市场上的反馈表现分为了两大部分，即企业在 IPO 后产品市场上的业绩表现和产品市场竞争力，并由此来进行全面的探索分析。

首先，在前人的研究基础上，对企业的创新资本重新进行衡量，通过区分两种不同维度的创新资本，来考察它们对企业在产品市场上的反馈表

表 5-7　　创新资本对公司销售额影响的稳健性检验

VARIABLES	Sales_1yr		Sales_2yr		Sales_3yr		Sales_4yr		Sales_5yr	
	Model 1	Model 2	Model 3	Model 4	Model 5	Model 6	Model 7	Model 8	Model 9	Model 10
lnPatent	0.167 ***	0.167 ***	0.178 ***	0.178 ***	0.190 ***	0.190 ***	0.198 ***	0.194 ***	0.192 ***	0.189 ***
	(0.000)	(0.000)	(0.000)	(0.000)	(0.000)	(0.000)	(0.000)	(0.000)	(0.000)	(0.000)
R&D_1	-2.353 ***		-2.209 ***		-1.941 ***		-5.684 ***		-5.388 ***	
	(0.000)		(0.000)		(0.003)		(0.000)		(0.000)	
R&D_2		-1.928 ***		-1.931 ***		-1.663 ***		-3.651 ***		-3.433 ***
		(0.001)		(0.001)		(0.006)		(0.000)		(0.002)
lnAge	-0.150 ***	-0.146 ***	-0.136 ***	-0.133 ***	-0.153 ***	-0.151 ***	-0.157 ***	-0.146 ***	-0.139 **	-0.129 **
	(0.000)	(0.000)	(0.001)	(0.002)	(0.001)	(0.001)	(0.001)	(0.003)	(0.011)	(0.019)
IssPrice	0.0114 ***	0.0111 ***	0.0109 ***	0.0107 ***	0.0112 ***	0.0110 ***	0.0113 ***	0.0105 ***	0.0101 ***	0.00938 ***
	(0.000)	(0.000)	(0.000)	(0.000)	(0.000)	(0.000)	(0.000)	(0.000)	(0.000)	(0.000)
TobinQ	-0.0274 **	-0.0281 **	-0.0142	-0.0145	0.00750	0.00722	0.0319	0.0269	0.0482 *	0.0434
	(0.034)	(0.030)	(0.283)	(0.271)	(0.681)	(0.692)	(0.221)	(0.305)	(0.099)	(0.139)
Leverage	3.631 ***	3.636 ***	3.689 ***	3.690 ***	3.776 ***	3.776 ***	3.769 ***	3.822 ***	3.488 ***	3.539 ***
	(0.000)	(0.000)	(0.000)	(0.000)	(0.000)	(0.000)	(0.000)	(0.000)	(0.000)	(0.000)
UW	0.187 ***	0.188 ***	0.183 ***	0.183 ***	0.211 ***	0.211 ***	0.175 ***	0.178 ***	0.134 **	0.137 **
	(0.000)	(0.000)	(0.000)	(0.000)	(0.000)	(0.000)	(0.004)	(0.004)	(0.049)	(0.045)
VC	-0.110 **	-0.109 **	-0.0610	-0.0596	-0.0478	-0.0474	-0.00123	-0.00351	-0.00865	-0.0109
	(0.035)	(0.037)	(0.251)	(0.263)	(0.414)	(0.419)	(0.985)	(0.957)	(0.904)	(0.879)
Constant	18.55 ***	18.52 ***	18.69 ***	18.67 ***	19.10 ***	19.08 ***	18.99 ***	18.91 ***	19.01 ***	18.93 ***
	(0.000)	(0.000)	(0.000)	(0.000)	(0.000)	(0.000)	(0.000)	(0.000)	(0.000)	(0.000)
Observations	921	921	921	921	832	832	726	726	725	725
R-squared	0.581	0.579	0.571	0.570	0.543	0.542	0.525	0.519	0.440	0.434
Industry	YES	YES	YES	YES	YES	YES	YES	YES	YES	YES
Year	YES	YES	YES	YES	YES	YES	YES	YES	YES	YES

注：括号内为P值。

*** 为在1%的显著水平下显著，** 为在5%的显著水平下显著，* 为在10%的显著水平下显著。

表 5-8 创新资本对公司利润额影响的稳健性检验

VARIABLES	Profit_1yr		Profit_2yr		Profit_3yr		Profit_4yr		Profit_5yr	
	Model 1	Model 2	Model 3	Model 4	Model 5	Model 6	Model 7	Model 8	Model 9	Model 10
lnPatent	0. 151 ***	0. 151 ***	0. 165 ***	0. 164 ***	0. 245 ***	0. 245 ***	0. 242 ***	0. 236 ***	0. 221 ***	0. 218 ***
	(0. 000)	(0. 000)	(0. 000)	(0. 000)	(0. 000)	(0. 000)	(0. 000)	(0. 000)	(0. 000)	(0. 000)
R&D_1	-1. 592 ***		-1. 366 *		-1. 283 *		-5. 974 ***		-3. 422 *	
	(0. 009)		(0. 080)		(0. 077)		(0. 003)		(0. 100)	
R&D_2		-1. 203 **		-1. 211 *		-1. 221 *		-3. 734 **		-2. 267 *
		(0. 037)		(0. 096)		(0. 085)		(0. 025)		(0. 080)
lnAge	-0. 175 ***	-0. 173 ***	-0. 0752	-0. 0732	-0. 0448	-0. 0433	-0. 105	-0. 0919	-0. 125	-0. 118
	(0. 000)	(0. 000)	(0. 177)	(0. 188)	(0. 520)	(0. 534)	(0. 205)	(0. 266)	(0. 143)	(0. 167)
IssPrice	0. 0201 ***	0. 0199 ***	0. 0213 ***	0. 0211 ***	0. 0225 ***	0. 0224 ***	0. 0187 ***	0. 0179 ***	0. 0171 ***	0. 0167 ***
	(0. 000)	(0. 000)	(0. 000)	(0. 000)	(0. 000)	(0. 000)	(0. 000)	(0. 000)	(0. 000)	(0. 000)
TobinQ	0. 0187	0. 0180	0. 0518 ***	0. 0514 ***	0. 0738 ***	0. 0727 ***	0. 137 ***	0. 129 ***	0. 121 ***	0. 117 ***
	(0. 166)	(0. 181)	(0. 005)	(0. 005)	(0. 007)	(0. 007)	(0. 002)	(0. 004)	(0. 007)	(0. 008)
Leverage	1. 437 ***	1. 445 ***	1. 601 ***	1. 603 ***	1. 754 ***	1. 766 ***	1. 852 ***	1. 906 ***	1. 365 ***	1. 394 ***
	(0. 000)	(0. 000)	(0. 000)	(0. 000)	(0. 000)	(0. 000)	(0. 000)	(0. 000)	(0. 003)	(0. 003)
UW	0. 205 ***	0. 206 ***	0. 267 ***	0. 268 ***	0. 363 ***	0. 365 ***	0. 129	0. 135	0. 250 **	0. 252 **
	(0. 000)	(0. 000)	(0. 000)	(0. 000)	(0. 000)	(0. 000)	(0. 207)	(0. 188)	(0. 018)	(0. 016)
VC	-0. 133 **	-0. 133 **	-0. 0371	-0. 0366	-0. 186 **	-0. 188 **	0. 0718	0. 0705	-0. 0156	-0. 0163
	(0. 014)	(0. 014)	(0. 596)	(0. 600)	(0. 036)	(0. 034)	(0. 504)	(0. 513)	(0. 888)	(0. 884)
Constant	16. 98 ***	16. 96 ***	16. 70 ***	16. 68 ***	16. 26 ***	16. 25 ***	15. 74 ***	15. 67 ***	15. 33 ***	15. 29 ***
	(0. 000)	(0. 000)	(0. 000)	(0. 000)	(0. 000)	(0. 000)	(0. 000)	(0. 000)	(0. 000)	(0. 000)
Observations	918	918	889	889	778	778	654	654	641	641
R - squared	0. 394	0. 392	0. 331	0. 330	0. 290	0. 290	0. 237	0. 232	0. 224	0. 223
Industry	YES	YES	YES	YES	YES	YES	YES	YES	YES	YES
Year	YES	YES	YES	YES	YES	YES	YES	YES	YES	YES

注：括号内为 P 值。

*** 为在 1% 的显著水平下显著，** 为在 5% 的显著水平下显著，* 为在 10% 的显著水平下显著。

表 5-9 创新资本对公司资本支出影响的稳健性检验

VARIABLES	Capex_1yr		Capex_2yr		Capex_3yr		Capex_4yr		Capex_5yr	
	Model 1	Model 2	Model 3	Model 4	Model 5	Model 6	Model 7	Model 8	Model 9	Model 10
lnPatent	0.124***	0.124***	0.142***	0.142***	0.165***	0.163***	0.198***	0.196***	0.210***	0.206***
	(0.000)	(0.000)	(0.000)	(0.000)	(0.000)	(0.000)	(0.000)	(0.000)	(0.000)	(0.000)
R&D_1	-0.680		-0.661		-1.982		-1.612		-3.412*	
	(0.430)		(0.393)		(0.186)		(0.340)		(0.083)	
R&D_2		-0.803		-0.561		-0.610		0.130		-1.510*
		(0.323)		(0.440)		(0.618)		(0.925)		(0.094)
lnAge	-0.287***	-0.286***	-0.205***	-0.204***	-0.177***	-0.172***	-0.238***	-0.232***	-0.255***	-0.247***
	(0.000)	(0.000)	(0.000)	(0.000)	(0.004)	(0.005)	(0.001)	(0.001)	(0.001)	(0.002)
IssPrice	0.0124***	0.0124***	0.00834***	0.00827***	0.0101***	0.00980***	0.0107***	0.0104***	0.0131***	0.0126***
	(0.000)	(0.000)	(0.001)	(0.001)	(0.000)	(0.001)	(0.001)	(0.001)	(0.000)	(0.001)
TobinQ	0.0178	0.0181	0.0192	0.0191	0.0273	0.0226	0.0400	0.0335	0.0632	0.0571
	(0.349)	(0.341)	(0.380)	(0.383)	(0.402)	(0.487)	(0.276)	(0.362)	(0.139)	(0.182)
Leverage	3.604***	3.597***	2.541***	2.542***	2.577***	2.620***	2.267***	2.326***	2.432***	2.497***
	(0.000)	(0.000)	(0.000)	(0.000)	(0.000)	(0.000)	(0.000)	(0.000)	(0.000)	(0.000)
UW	0.207***	0.206***	0.197***	0.197***	0.135*	0.138*	0.265***	0.268***	0.189*	0.191*
	(0.004)	(0.004)	(0.003)	(0.003)	(0.074)	(0.070)	(0.002)	(0.002)	(0.066)	(0.064)
VC	-0.175**	-0.173**	-0.0789	-0.0788	0.0381	0.0339	-0.0332	-0.0397	-0.00358	-0.00845
	(0.023)	(0.024)	(0.262)	(0.263)	(0.634)	(0.672)	(0.713)	(0.660)	(0.974)	(0.938)
Constant	16.76***	16.75***	17.41***	17.40***	18.83***	18.80***	18.00***	17.97***	17.37***	17.32***
	(0.000)	(0.000)	(0.000)	(0.000)	(0.000)	(0.000)	(0.000)	(0.000)	(0.000)	(0.000)
Observations	921	921	832	832	726	726	725	725	606	606
R-squared	0.417	0.417	0.365	0.365	0.357	0.355	0.290	0.289	0.290	0.287
Industry	YES	YES	YES	YES	YES	YES	YES	YES	YES	YES
Year	YES	YES	YES	YES	YES	YES	YES	YES	YES	YES

注：括号内为 P 值。

*** 为在 1% 的显著水平下显著，** 为在 5% 的显著水平下显著，* 为在 10% 的显著水平下显著。

现。研究发现，专利数作为创新资本的重要产出结果，与相对应的企业创新投入，即研发投入强度，在产品市场上对企业有着截然不同的作用。企业在 IPO 之前的创新产出（专利数）越多，则其在 IPO 后产品市场上的经营业绩（销售额、利润额和资本支出）的表现就越好。然而，从创新投入的角度来考察，我们发现由于研发投入在企业的经营运作过程中的不确定性和不稳定性，企业在上市前的研发投入越多，企业在 IPO 后产品市场上的经营业绩表现就越差。同时从其对企业的资本支出在企业 IPO 后的第 5 年才显现出显著负影响可以发现，企业的 R&D 同时也具备一定的累积性和滞后性的特征。因此，本书在现有文献的基础上，加深了对企业创新资本的衡量和分析，且填补了前人在创新资本上单纯以专利数为衡量标准的研究空缺。

其次，与以往相关文献不同的是，本书将产业经济学与金融市场理论相结合，从产业经济学的视角来考察企业 IPO 前的创新资本对其 IPO 后产品市场竞争力的影响。我们用企业在 IPO 后在产品市场上的相对市场份额和绝对市场份额来衡量其 IPO 后产品市场竞争力。研究发现，企业在决定上市之前的创新资本大小会直接影响其在 IPO 之后产品市场上的竞争力和竞争地位。企业 IPO 前的创新资本越大，其在 IPO 之后产品市场上的相对市场份额和绝对市场份额就越大，即其在产品市场上的竞争力越强、竞争地位越高。这些发现同时也支持了投资机会假说，企业在创新资本的作用下，为了提高其在产品市场上的生产力和投资机会而更可能选择上市。简言之，企业的高创新能力能提高其在产品市场上的竞争力，因此大多数公司倾向于在其高创新时期选择上市，从而提高其未来在产品市场上的市场份额及竞争地位。

最后，这篇文章以中国市场作为主要研究市场，为发展中国家提供了更多的研究证据和参考。中国作为创新型新兴大国，与其他发展中国家相比，其资本市场上仍然存在许多规则的限制和约束。从微观视角来看，对于各个上市企业而言，其创新资本是作为企业经济发展中的关键所在。为了与国际接轨，我国在 2006 年发布了中国标准会计准则（CAS），新的会计准则给企业财务指标的管理和报告方式带来了新一轮的改革。然而，其中对无形资本而言，研发投入存在不同的形式，即费用型研发投入和资本化研发投入，我们发现 IPO 之前的费用型研发投入对企业在上市后产品市场上的业绩表现是不容乐观的。从企业财务会计角度分析，在新的会计准则下，这一结果证实了企业在创新活动和项目前期投入的研发资本并不一定能让企业的创新活动和项目成功，从而转换为资本化研发投入计入企业的经济利益中。因此，此次研究在前人的研究基础上，为现有文献提供了新的研究视角，为 IPO 市场和产品市场之间的相关研究提供了更多实证证据。

6. 研究结论与展望

6.1 研究结论

本书为了探讨创新对企业在IPO市场上的表现，选取了中国证券市场数据，对中国A股市场的上市公司IPO前的创新资本进行全面的分析。从创新投入和创新产出两个维度的创新资本开始，分别对上市企业的IPO短期市场表现、IPO长期市场表现以及IPO后产品市场上的反馈表现进行了全方位的分析。由此，主要得到了以下几个方面的结论：

（1）从IPO短期市场表现的角度来看，中国IPO市场上的抑价水平在经过一系列的制度和监管的改革后仍然处于世界的前列。从创新信息传递的本质出发来解释其对企业在IPO短期市场上的表现。由此得出，两种维度下的企业创新资本对企业在IPO市场上的短期表现的影响也截然相反。企业在上市前的创新投入（R&D强度）越多，则其在IPO市场上的抑价程度就越高。相反，上市前的创新产出（专利）越多，则对企业的IPO抑价程度会相对越小。

（2）与其他发达国家和市场的IPO市场不同，中国IPO市场尚不成熟，且具有强监管性，使其制度环境较为复杂。由此，我们发现并且定义了在2014年之后的中国IPO市场上出现的处在IPO短期和长期表现之间的新市场表象——IPO蜜月期。IPO蜜月期的出现体现出了我国独特的IPO市场表现的特征。在研究企业创新资本对其IPO蜜月期的影响时，我们也得到了与IPO短期抑价相同的结果。从而证实了IPO蜜月期就是IPO短期抑价的一种新的市场表现形式。

（3）在探讨 IPO 市场表现的同时，还加入了宏观经济政策的考虑。产业政策作为我国发展中一直具有争议性的宏观经济政策，其对企业创新和 IPO 市场的影响领域还未有更深层次的研究。因此，分析结果也为产业政策在 IPO 市场上的调节作用做了实证性的补充。在产业政策的支持下，企业创新投入（创新产出）对其在 IPO 市场上的短期抑价程度的正（负）向影响会增强。然而，在 2014 年的产业结构的改革之后，产业政策对企业在 IPO 市场上的表现并未被发现任何显著性的影响，这引发了我们对产业政策有效实施的反思。

（4）从 IPO 长期市场表现的角度来看，两个维度的创新资本对 IPO 公司的长期市场表现有着完全不同的影响。本书通过用 BHAR、CAMP 和 Fama - French 五因子同时检测了中国 IPO 市场上的上市公司的长期市场表现，并且得到其 IPO 长期弱势的表现结果。从由研发支出构成的创新投入出发，发现其与 IPO 公司的长期市场表现呈负相关的关系，且对企业 IPO 后的前 3 年的市场表现都呈现出显著性负向影响。同时，在上市后 3 年，研发支出对其长期表现从负向影响逐渐转向为正向影响，这一发现证实了企业的 R&D 在经营的过程中是具有累积性和滞后性的效果。然而，与创新投入不同，创新产出（专利）对 IPO 公司的长期市场表现呈正向相关性，且在企业上市后的第 2 年开始呈现出显著的正向相关性。这一发现也证实了企业 IPO 前的创新资本对其 IPO 的长期市场表现有着随时间变化的动态性影响和作用。因此，对两类创新资本进行合理的估值和定价，会直接影响企业在 IPO 市场上的短期和长期市场表现。

（5）将产业经济学与金融市场理论相结合，考察了创新资本对 IPO 后产品市场上的 IPO 企业的反馈表现。以销售额、利润额和资本支出为 3 个衡量指标来检测企业 IPO 后产品市场上的业绩表现。结果发现，企业在 IPO 之前的创新产出（专利）越多，则其在 IPO 后产品市场上的经营业绩（销售额、利润额和资本支出）的表现就越好。然而，从创新投入的角度来考察，发现由于研发投入在企业的经营运作过程中的不确定性和不稳定性，企业在上市前的研发投入越多，企业在 IPO 后产品市场上的经营业绩表现就越差。这一发现也对市场投资者提供了更多的投资参考信息，同时，对企业来说，慎重地进行研发投入对企业的运营来说是非常重要的。

（6）从产业经济学的视角来考察企业 IPO 前的创新资本对其在 IPO 后产品市场上的竞争力的影响。我们用企业在 IPO 后在产品市场上的相对市场份额和绝对市场份额分别来衡量其 IPO 后产品市场竞争力及竞争地位。研究发现，企业 IPO 前的创新资本越大，其在 IPO 之后产品市场上的相对市场份额和绝对市场份额就越大，换言之，上市前创新水平高的公司在产品市场上的竞争力就越强、竞争地位越高。这些发现同时也支持了投资机会假说，企业的高创新能力能提高其在产品市场上的竞争力，因此大多数公司倾向于在其高创新水平时期上市，从而提高其未来在产品市场上的市场份额及竞争地位。

6.2 研究展望

本书在检验企业创新对其 IPO 市场表现的影响的基础上，从两个维度的创新资本开始，同时考察了 IPO 短期市场表现和 IPO 长期市场表现，以及结合产业经济学检验了 IPO 后产品市场反馈表现。为未来的相关研究提供了参考，进一步的研究可以从以下几个角度展开：

（1）我们对企业创新对其在 IPO 市场上的表现做出了详细和丰富的实证研究，然而对于理论模型的分析，在未来的研究中还可以进行更多的拓展和考究。

（2）对于 IPO 长期表现的研究，采用了 Fama - French 五因子模型进行相关的金融实证回归研究，在之后的研究中可以进一步考虑使用 Fama - French 五因子数学理论模型将两个维度的企业创新分别代入到对 IPO 事件研究的理论分析中，更深层次地探讨企业创新在 IPO 市场上的长期表现的影响。

（3）同时发现并且定义了在 2014 年之后的中国 IPO 市场上出现的处

在 IPO 短期和长期表现之间的新市场表象——IPO 蜜月期。为现有研究提供了新的实证证据，然而，在未来的研究中，IPO 蜜月期仍然具有相当大的研究意义，在之后的研究中会在理论模型上对其做更多的拓展分析和解释。

（4）在未来进行的 IPO 事件研究中，也可以考虑选用不同产品市场（如 IT 市场、生物市场等）和不同交易市场（如中小板市场、创业板市场等）上的数据进行切割划分，以分析企业创新能力对其在不同产品市场上和不同交易市场上的影响是否有所改变。

参考文献

一、中文参考文献

［1］ 曹超，2016. 新股发行改革与 IPO 抑价．中国金融，14：68 – 69.

［2］ 陈冬华，李真，新夫．2010. 产业政策与公司融资——来自中国的经验证据．2010 中国会计与财务研究国际研讨会论文集，281 – 360.

［3］杜俊涛，周孝华，杨秀苔．2003. 中国证券市场 IPO 长期表现的实证研究，中国软科学，11：46 – 51.

［4］杜莘，梁洪昀，宋逢明．2001. 中国 A 股市场初始回报率研究．管理科学学报，2001（04）：55 – 61.

［5］方军雄，方芳．2010. 新股发行制度市场化改革与融资超募现象．证券市场导报，12：39 – 45.

［6］蒋欣，李全．2010. 创业板超募现象解析．中国金融，2：47 – 49.

［7］李隋，张腾文．2015. 产业政策有效性研究——基于公司融资视角．财经科学，9（330）：53 – 63.

［8］李远．2006. 美国、日本产业政策：比较分析与启示．经济经纬，1：48 – 50.

［9］李蕴玮，宋军，吴冲锋．2002. 考虑市值权重的 IPO 长期业绩研究．当代经济科学，24（6）：12 – 15.

［10］李志冰，杨光艺，冯永昌，景亮．2017. Fama – French 五因子模型在中国股票市场的实证检验．金融研究，444（6）：191 – 206.

［11］黎文靖，郑曼妮．2016. 实质性创新还是策略性创新？——宏观产业政策对微观企业创新的影响．经济研究，4：60 – 73.

[12] 林毅夫. 2014. 新结构经济学与中国产业政策. 决策探索, 20: 12 - 14.

[13] 刘力, 李文德. 2001. 中国股票市场股票首次发行长期绩效研究. 经济科学, 6: 33 - 44.

[14] 刘力, 王汀汀. 2003. 不应忽略股票的流通权价值——兼论中国股票市场的二元股权结构问题. 管理世界, 9: 46 - 51.

[15] 刘煜辉, 熊鹏. 2005. 股权分置、政府管制和中国 IPO 抑价. 经济研究, 5: 85 - 95.

[16] 鲁文龙, 陈宏民. 2004. 最优产业政策与技术创新. 系统工程理论方法应用, 13 (2): 97 - 105.

[17] 陆正飞, 韩非池. 2013. 宏观经济政策如何影响公司现金持有的经济效应? ——基于产品市场和资本市场两重角度的研究. 管理世界, 6: 43 - 60.

[18] 沈艺峰, 陈雪颖. 2002. 我国首次公开发行股票的实证研究. 厦门大学学报 (哲学社会科学版), 2: 79 - 87 + 101.

[19] 宋光辉, 董永琦, 陈杨炀, 许林. 2017. 中国股票市场流动性与动量效应——基于 Fama - French 五因子模型的进一步研究. 金融经济学研究, 32 (1): 36 - 50.

[20] 宋渊洋, 李元旭. 2013. 制度环境多样性、跨地区经营经验与服务企业产品市场绩效——来自中国证券业的经验证据. 南开管理评论, 2013 (1): 70 - 82.

[21] 王春峰, 罗建春. 2002. 我国股票 IPOs 长期弱势现象的实证研究. 南开经济研究, 3: 25 - 30.

[22] 王海峰, 何君光, 张宗益. 2006. 询价制与承销风险实证研究. 金融研究, 5: 61 - 69.

[23] 王晋斌. 1997. 新股申购预期超额报酬率的测度及其可能原因的解释. 经济研究, 12: 18 - 25.

[24] 王军波, 邓述慧. 2000. 上海和深圳证券一级市场比较分析. 系

统工程理论与实践，12：11－21.

［25］王美今，张松．2000．中国新股弱势问题研究．经济研究，9：49－56.

［26］王宜峰，王燕鸣，吴国兵．2015．公司投资对股票收益的影响研究．管理评论，27（1）：103－113.

［27］徐欣，夏芸，李春涛．2016．企业自主研发、IPO 折价与创新能力的信号效应——基于中国创业板上市公司的实证研究．经济管理，38（6）：71－85.

［28］徐菁，张慧荣．2015．行政管制、发行定价、交易规则与 IPO 抑价．商业会计，2015（16）：54－57.

［29］杨丹．2003．IPO 的理论观点及实证研究综述．财会月刊，16：6－7.

［30］杨丹，林茂．2006．我国 IPO 长期市场表现的实证研究——基于超常收益率不同测度方法的比较分析．会计研究，11：61－96.

［31］杨记军，赵昌文．2006．定价机制、承销方式与发行成本：来自中国 IPO 市场的证据．金融研究，5：51－60.

［32］张学勇，廖理．2011．风险投资背景与公司 IPO：市场表现与内在机理．经济研究，6：119－132.

［33］张学勇，张叶青．2016．风险投资、创新能力与公司 IPO 的市场表现．经济研究，10：112－125.

［34］赵胜民，闫红蕾，张凯．2016．Fama－French 五因子模型比三因子模型更胜一筹吗——来自中国 A 股市场的经验证据．南开经济研究，2：41－59.

［35］周孝华，姜婷．2007．询价制下后市流动性和 IPO 抑价研究．经济与管理研究，10：41－45.

［36］祝继高，韩非池，陆正飞．2015．产业政策、银行关联与企业债务融资——基于 A 股上市公司的实证研究．金融研究，3：176－191.

二、英文参考文献

［1］Aboody D.，Lev B. 2000. Information Asymmetry，R&D，and Insider

Gains. *Journal of Finance*, 55 (6): 2747 - 2766.

[2] Aggarwal R., Rivoli P. 1990. Fads in the Initial Public Offering Market? *Financial Management*, 19 (4): 45 - 57.

[3] Ahmad A. 2011. Ownership Structure and the Operating Performance of Malaysia Companies. *International Review of Business Research Papers*, 7 (6): 1 - 14.

[4] Allen F., Faulhaber G. R. 1989. Signalling by underpricing in the IPO market. *Journal of Financial Economics*, 23 (2): 303 - 323.

[5] Anthony D. Wilbon. 2003. Competitive Posture and IPO Performance in High Technology Firms. *Journal of Engineering and Technology Management*, 20: 231 - 244.

[6] Anderson, C. R., C. P. Zeithaml. 1984. Stage of the Product Life Cycle, Business Strategy, and Business Performance. *Academy of Management Journal*, 27 (1): 1 - 60.

[7] Balkin D. B., Markman G. D. and Gomez - Mejia L. R. 2000. Is CEO Pay in High - Technology Firms Related to Innovation? *Academy of Management Journal*, 43 (6): 1118 - 1129.

[8] Baron D. P., Holmestrom, B. 1980. The Investment Banking Contract For New Issues Under Asymmetric Information: Delegation And The Incentive Problem. *Journal of Finance*, 35 (5): 1115 - 1138.

[9] Baron D. P. 1982. A Model of the Demand for Investment Banking Advising and Distribution Services for New Issues. *Journal of Finance*, 37 (4): 955 - 976.

[10] Beatty R. P., Ritter J. R. 1986. Investment Banking, Reputation, and Underpricing of IPOs. *Journal of Financial Economics*, 15: 213 - 232.

[11] Beneish M. D., Vargus M. E. 2002. Insider Trading, Earnings Quality, and Accrual Mispricing. *The Accounting Review*, 77 (4): 755 - 791.

[12] Benveniste L. M., Spindt P. A. 1989. How investment bankers deter-

mine the offer price and allocation of new issues. *Journal of Financial Economics*, 24 (2): 343 -361.

[13] Benveniste L. M. , Wilhelm W. J. 1990. A comparative analysis of IPO proceeds under alternative regulatory environments. *Journal of Financial Economics*, 28 (1 -2): 173 -207.

[14] Bernstein, S. 2015. Does Going Public Affect Innovation? *Journal of Finance*, 70 (4): 1365 -1403.

[15] Bloom N. , J. Van Reenen. 2002. Patents, Real Options and Firm Performance. *Economic Journal*, 112: 97 -116.

[16] Booth J. R. , Smith R. L. 1986. Capital raising, underwriting and the certification hypothesis. *Journal of Financial Economics*, 15 (1 -2): 261 -281.

[17] Brad M. Barber, John D. Lyon. 1997. Detecting long - run abnormal stock returns: The empirical power and specification of test statistics. *Journal of Financial Economics*, 43 (3): 341 -372.

[18] Brav A. , P. A. Gompers. 1997. Myth or Reality? The Long - run Underperformance of Initial Public Offerings: Evidence from Venture and Nonventure Capital - backed Companies. *Journal of Finance*, 52: 1791 -1821.

[19] Brav A. , C. Geczy, P. A. Gompers. 2000. Is the abnormal return following equity issuances anomalous? *Journal of Financial Economics*, 56 (2): 209 -249.

[20] Brown, J. R. , Fazzari, S. M. , Petersen, B. C. 2009. Financing Innovation and Growth: Cash Flow, External Equity and the 1990s R&D Boom. *Journal of Finance*, 64 (1): 151 -185.

[21] Campello, M. 2003. Capital Structure and Product Markets Interactions: Evidence from Business Cycles. *Journal of Financial Economics*, 68 (3): 353 -378.

[22] Cao J. , F. -W. Jiang, J. R. Ritter. 2015. Patents, Innovation, and Performance of Venture Capital - backed IPOs. SSRN Working Paper.

[23] Carter, R. , F. Dark, A. Singh. 1998. Underwriter Reputation, Initial Returns, and the Long - run Performance of IPO Stocks. *Journal of Finance*, 53: 285 - 311.

[24] Carter, R. , Manaster, S. 1990. Initial Public Offerings and Underwriter Reputation. *Journal of Finance*, 45 (2): 1045 - 1067.

[25] Cazavan - Jeny, A. , T. Jeanjean. 2006. The Negative Impact of R&D Capitalization: A Value Relevance Approach. *European Accounting Review*, 15 (1): 37 - 61.

[26] Chan, K. , J. Lakonishok, T. Sougiannis. 2001. The Stock Market Valuation of Research and Development Expenditure. *Journal of Finance*, 56: 2431 - 56.

[27] Chan, K. , Wang, J. , Wei, K. C. 2004. Underpricing and Long - Term Performance of IPOs in China. *Journal of Corporate Finance*, 10 (3): 409 - 430.

[28] Chaney P. K. , T. M. Devinney, R. S. Winer. 1991. The Impact of New Product Introductions on the Market Value of Firms. *Journal of Business*, 64: 573 - 610.

[29] Chemmanur, T. J. , P. Fulghieri. 1999. A Theory of the Going - Public Decision. *Review of Financial Studies*, 12 (2): 249 - 279.

[30] Chemmanur, T. J. , He J. 2011. IPO Waves, Product Market Competition, and the Going Public Decision: Theory and Evidence. *Journal of Financial Economics*, 101 (2): 382 - 412.

[31] Chemmanur, T. J. , He S. , Nandy D. K. 2010. The Going - Public Decision and the Product Market. *Review of Financial Studies*, 23 (5): 1855 - 1908.

[32] Chen, C. , H. Xu. 2015. The Roles of Innovation Input and Outcome in IPO Pricing—Evidence from the Bio - Pharmaceutical Industry in China. Working Paper, Fudan University.

[33] Chen, Y. , Steven S. Wang, W. Li, Q. Sun, Wilson H. S. Tong.

2015. Institutional environment, firm ownership, and IPO first - day returns: Evidence from China. *Journal of Corporate Finance*, 32: 150 - 168.

[34] Chi, J. , Padgett, C. 2005. The Performance and Long - run Characteristics of the Chinese IPO Market. *Pacific Economic Review*, 10 (4): 451 -469.

[35] Chi, J. , Padgett, C. 2006. Operating Performance and Its Relationship to Market Performance of Chinese Initial Public Offerings. *The Chinese Economy*, 39 (5): 28 -50.

[36] Chin, C. -L. , Lee, P. , Kleinman, G. , Chen, P. -Y. 2006. IPO Anomalies and Innovation Capital. *Review of Quantitative Finance and Accounting*, 27: 67 -91.

[37] Chod, J. , Lyandres E. 2011. Strategic IPOs and Product Market Competition. *Journal of Financial Economics*, 100: 45 -67.

[38] Clementi, G. L. 2002. IPOs and the Growth of Firms. NYU Stern 2004 Working Paper No. 04 - 23. Available at SSRN: https: //ssrn. com/abstract = 314277.

[39] Coakley, J. , L. Hadass, A. Wood. 2005. Post - IPO Operating Performance, Venture Capitalists and Market Timing. Working paper, Essex Finance Centre Discussion.

[40] Cohen J. E. , M. A. Lemley. 2001. Patent Scope and Innovation in the Software Industry. *California Law Review*, 89 (1): 4 -21.

[41] Cohen, L. , Diether, K. , Malloy, C. 2013. Misvaluing Innovation. *Review of Financial Studies*, 26 (3): 635 -666.

[42] Denise A. Jones. 2007. Voluntary Disclosure in R&D - Intensive Industries. *Contemporary Accounting Research*, 24 (2): 489 -522.

[43] Drake P. D. , Vetsuypens M. R. 1993. IPO Underpricing and Insurance against Legal Liability. *Financial Management*, 22 (1): 64 -73.

[44] Eberhart, A. C. , Maxwell, W. F. , Siddique, A. R. 2004. An Examination of Long - Term Abnormal Stock Returns and Operating Performance

Following R&D Increases. *Journal of Finance*, 59 (2): 623 – 650.

[45] Eckbo, B. E. 2008. Equity Issues and the Disappearing Rights Offer Phenomenon. *Journal of Applied Corporate Finance*, 20 (2): 72 – 85.

[46] Ellis, K., R. Michaely, M. O'Hara. 2002. When the Underwriter Is the Market Maker: An Examination of Trading in the IPO Aftermarket. *Journal of Finance*, 55 (3): 1039 – 1074.

[47] Fama E. F., L. Fisher, M. C. Jensen, R. Roll. 1969. The Adjustment of Stock Prices to New Information. *International Economic Review*, 10 (1): 1 – 21.

[48] Fama E. F., K. French. 1993. Common Risk Factors in the Returns of Stocks and Bonds. *Journal of Financial Economics*, 33: 3 – 56.

[49] Fama E. F., K. French. 2015. A Five – factor Asset Pricing Model, *Journal of Financial Economics*, 116 (1): 1 – 22.

[50] Farinos, E., J. Garcia, M. Ibanez. 2007. Operating and Stock Market Performance of State – Owned Enterprise Privatizations: the Spanish Experience. *International Review of Financial Analysis*, 16 (4): 367 – 389.

[51] Filatotchev I., K. Bishop. 2002. Board Composition, Share Ownership, and 'Underpricing' of U. K. IPO Firms. *Strategic Management Journal*, 23 (10): 941 – 955.

[52] Foster, G. 1981. Intra – industry Information Transfers Associated with Earnings Releases. *Journal of Accounting and Economics*, 3 (3): 201 – 232.

[53] Gompers P. A. 1996. Grandstanding in the venture capital industry. *Journal of Financial Economics*, 42 (1): 133 – 156.

[54] Gompers P. A., J. Lerner. 2003. The Really Long – Run Performance of Initial Public Offerings: The Pre – Nasdaq Evidence. *Journal of Finance*, 58 (4): 1355 – 1392.

[55] Greve, H. R. 1999. The Effect of Core Change on Performance: Inertia and Regression toward the Mean. *Administrative Science Quarterly*, 44 (3):

590 – 614.

[56] Griliches, Z. 1981. Market Value, R&D, and Patents. *Economics Letters*, 7 (2): 183 – 187.

[57] Griliches, Z. 1990. Patent Statistics as Economic Indicators: A Survey. NBER Working Paper No. 3301.

[58] Guo R. J., Lev B., Shi C. 2006. Explaining the Short – and Long – Term IPO Anomalies in the US by R&D. *Journal of Business Finance & Accounting*, 33: 550 – 579.

[59] Guo R. J., Lev B., Zhou, N. 2004. Competitive Costs of Disclosure by Biotech IPOs. *Journal of Accounting Research*, 42 (2): 319 – 355.

[60] G. Hoberg, G. Phillips. 2009. New Dynamic Product Based Industry Classifications and Endogenous Product Differentiation. Working Paper, University of Maryland.

[61] Hall, B. H., Jaffe, A., Trajtenberg, M. 2005. Market Value and Patent Citations. *The RAND Journal of Economics*, 36 (1): 16 – 38.

[62] Heeley M. B., Matusik S. F., Jain N. 2007. Innovation, Appropriability, and the Underpricing of Initial Public Offerings. *The Academy of Management Journal*, 50: 209 – 225.

[63] Hirshleifer D., P. Hsu, D. Li. 2013. Innovative Efficiency and Stock Returns. *Journal of Financial Economics*, 107: 632 – 654.

[64] Hou, K. Chen X., L. Zhang. 2014. Digesting Anomalies: An Investment Approach. *Review of Financial Studies*, 28 (3): 650 – 705.

[65] Hsu, H., A. V. Reed, J. Rocholl. 2010. The New Game in Town: Competitive Effects of IPOs. *Journal of Finance*, 65 (2): 495 – 528.

[66] Hsu, H. 2014. Industry Technological Innovations and Initial Public Offerings: An Empirical Analysis. *Journal of Accounting and Finance*, 14 (1): 103 – 120.

[67] Hsu, P., Tian, X., Xu, Y. 2014. Financial Development and Inno-

vation: Cross - Country Evidence. *Journal of Financial Economics*, 112 (1): 116 - 135.

[68] Ibbotson R. G. 1975. Price performance of common stock new issues. *Journal of Finance*, 2 (3): 235 - 272.

[69] Jain, A., O. Kini. 1994. The Post - Issue Operating Performance of IPO Firms. *Journal of Finance*, 49 (5): 1699 - 1726

[70] Jain, B. A., Omesh Kini. 1999. The Life Cycle of Initial Public Offering Firms. Journal of Business Finance & Accounting, 26 (9 - 10): 1281 - 1307.

[71] Jennifer F. Reinganum. 1989. Chapter 14: The Timing of Innovation: Research, Development, and Diffusion. *Handbook of Industrial Organization*, 1: 849 - 908.

[72] Jenkinson, T., A. Ljungqvist., A. P. Ljungqvist. 2001. Going Public: The Theory and Evidence on How Companies Raise Equity Finance. Working paper.

[73] Jong, A., C. A. Huijgen, T. A. Marra, P. Roosenboom. 2012. Why Do Firms Go Public? The Role of the Product Market. *Journal of Business Finance & Accounting*, 39 (1 - 2): 165 - 192.

[74] Jorion, P., G. Zhang. 2007. Good and Bad Credit Contagion: Evidence from Credit Default Swaps. *Journal of Financial Economics*, 84 (3): 860 - 883.

[75] Jun, Z., Tian, L. Z. 2012. Accounting conservatism and IPO underpricing: China evidence. *Journal of International Accounting, Auditing & Taxation*, 21: 127 - 144.

[76] Justin Y. - F. Lin. 2002. Development Strategy, Viability and Economic Convergence. *China Economic Quarterly*, 1 (2): 269 - 300.

[77] J. Peress. 2010. Product Market Competition, Insider Trading, and Stock Market Efficiency. *Journal of Finance*, 65 (1): 1 - 43.

[78] J. A. Schumpeter. 1912. The Theory of Economic Development: An

Inquiry into Profits, Capital, Credit, Interest and the Business Cycle.

[79] J. A. Schumpeter. 1939. Business Cycle, 68 – 71.

[80] J. R. Kale, Y. C. Loon. 2011. Product Market Power and Stock Market Liquidity. *Journal of Financial Markets*, 14 (2): 376 – 410.

[81] Kang J – K, Kim Y – C, Stulz R. M. 1999. The Underreaction Hypothesis and the New Issue Puzzle: Evidence from Japan. *The Review of Financial Studies*, 12 (3): 519 – 534.

[82] Kao J. L., Wu D. H., Yang Z. F. 2009. Regulations, earnings management, and post – IPO performance: The Chinese evidence. *Journal of Banking & Finance*, 33 (1): 63 – 76.

[83] Koh F., Walter T. 1989. A direct test of Rock's model of the pricing of unseasoned issues. *Journal of Financial Economics*, 23 (2): 251 – 272.

[84] Kovenock D., Phillips G. M. 1997. Capital Structure and Product Market Behavior: An Examination of Plant Exit and Investment Decisions. *The Review of Financial Studies*, 10 (3): 767 – 803.

[85] Kreps D. M., Wilson R. 1982. Reputation and imperfect information. *Journal of Economic Theory*, 27 (2): 253 – 279.

[86] K. M. Kelm, V. K. Narayanan, George E. Pinches. 1995. Shareholder Value Creation during R&D Innovation and Commercialization Stages. *Academy of Management Review*, 38 (3): 770 – 786.

[87] Lev, B. 2001. Intangibles – Management, Measuring and Reporting. The Brooking Institution, Washington, DC.

[88] Lev B., T. Sougiannis. 1999. Penetrating the Book – to – market Blackbox: The R&D effect. *Journal of Business Finance & Accounting*, 26: 419 – 449.

[89] Lin Z. J., Tian Z. M. 2012. Accounting conservatism and IPO underpricing: China evidence. *Journal of Accounting, Auditing & Taxation*, 21 (2): 127 – 144.

[90] Ljungqvist, A. 2003. Conflicts of Interest and Efficient Contracting in IPOs. Working paper.

[91] Ljungqvist, A. 2007. IPO Underpricing: A Survey. Handbook in Corporate finance: Empirical Corporate Finance. Elsevier, New York.

[92] Loughran T. , J. R. Ritter. 1995. The New Issues Puzzle. *Journal of Finance*, 50: 23 – 51.

[93] Loughran T. , J. R. Ritter. 2004. Why has IPO Underpricing Changed over Time? *Financial Management*, 33: 5 – 37.

[94] Lowry, M. 2003. Why Does IPO Volume Fluctuate So Much? *Journal of Financial Economics*, 67: 3 – 40.

[95] Lowry, M. , S. Shu. 2002. Litigation Risk and IPO Underpricing. *Journal of Financial Economics*, 6 (3): 309 – 335. [90] Lyandres, E. , L. Sun, L. Zhang. 2008. The new issues puzzle: Testing the investment – based explanation. *Review of Financial Studies*, 21: 2825 – 2855.

[96] Maksimovic, V. , P. Pichler. 1999. Private Versus Public Offerings: Optimal Selling Mechanisms with Adverse Selection. Working paper.

[97] Maksimovic, V. , P. Pichler. 2001. Technological Innovation and Initial Public Offerings. *Review of Financial Studies*, 14 (2): 459 – 494.

[98] Maria C. A. Balatbat. 2006. Discussion of Explaining the Short – and Long – Term IPO Anomalies in the US by R&D. *Journal of Business Finance & Accounting*, 33 (3 – 4): 580 – 586.

[99] Mary E. Barth, Ron Kasznik. 1999. Share repurchases and intangible assets. *Journal of Accounting and Economics*, 28 (2): 211 – 241.

[100] Mary E. Barth, Donald P. Cram, Karen K. Nelson. 2001. Accruals and the Prediction of Future Cash Flows. *Accounting Review*, 76 (1): 27 – 58.

[101] McGee J. S. 1958. Predatory Price Cutting: The Standard Oil (N. J.) Case. *The Journal of Law and Economics*, 1: 137 – 169.

[102] Meoli M, Paleari S. , Vismara S. 2012. Completing the Technology

Transfer Process: M&As of Science - Based IPOs. *Small Business Economics*, 40 (2): 227 - 248.

[103] Mikkelson W. H., Partch M. M., Shah K. 1997. Ownership and operating performance of companies that go public. *Journal of Financial Economics*, 44 (3): 281 - 307.

[104] Milgrom P., Roberts J. 1982. Predation, reputation, and entry deterrence. *Journal of Economic Theory*, 27 (2): 280 - 312.

[105] Miller E. M. 1977. Risk, uncertainty, and divergence of opinion. *Journal of Finance*, 32 (4): 1151 - 1168.

[106] Mok, H. M. K., Y. V. Hui. 1998. Underpricing and Aftermarket Performance of IPOs in Shanghai, China. *Pacific - Basin Finance Journal*, 6 (5): 453 - 474.

[107] N. M. Stoughton, K. P. Wong, J. Zechner. 2001. IPOs and Product Quality (Digest Summary). *Journal of Business*, 74 (3): 375 - 408.

[108] Pástor, LA. Taylor, P. Veronesi. 2009. Entrepreneurial Learning, the IPO Decision, and the Post - IPO Drop in Firm Profitability. Review of Financial Studies, 22 (8): 3005 - 3046.

[109] Pástor, LA. Taylor, P. Veronesi. 2009. Technological Revolutions and Stock Prices. American Economic Review, 99 (4): 1451 - 1483.

[110] Pakes, A., Griliches, Z. 1985. Estimating Distributed Lags in Short Panels with an Application to the Specification of Depreciation Patterns and Capital Stock Constructs. *Review of Economic Studies*, 51 (2): 243 - 262.

[111] Penman S. H., X. - J. Zhang. 2002. Accounting Conservatism, the Quality of Earnings, and Stock Returns. *Accounting Review*, 77 (2): 237 - 264.

[112] P. Hsu. 2009. Technological Innovations and Aggregate Risk Premiums. *Journal of Financial Economics*, 94 (2): 264 - 279.

[113] P. J. Irvine, J. Pontiff. 2009. Idiosyncratic Return Volatility, Cash

Flows, and Product Market Competition. *Review of Financial Studies*, 22 (3): 1149 - 1177.

[114] Rajan, R., H. Servaes. 1997. Analyst Following of Initial Public Offerings. *Journal of Finance*, 52 (2): 507 - 529.

[115] Reilly F. K. and K. Hatfield. 1969. Investor Experience with New Stock Issues. *Financial Analysts Journal*, 25 (5): 73 - 80.

[116] Ritter, J. R. 1991. The Long - run Performance of Initial Public Offerings. *Journal of Finance*, 46 (1): 3 - 27.

[117] Ritter, J. R. 1998. Initial Public Offerings. *Contemporary Finance Digest.*

[118] Ritter, J. R., Welch, I. 2002. A Review of IPO Activity, Pricing, and Allocations. *Journal of Finance*, 57 (4): 1795 - 1828.

[119] Rock, K. 1986. Why New Issues Are Underpriced? *Journal of Financial Economics*, 15 (1 - 2): 187 - 212.

[120] Ruud J. S. 1993. Underwriter price support and the IPO underpricing puzzle. *Journal of Financial Economics*, 34 (2): 135 - 151.

[121] R. Aggarwal, R. Leal, L. Hernandez. 1993. The Aftermarket Performance of Initial Public Offerings in Latin America. *Financial Management*, 22 (1): 42 - 53.

[122] R. J. Guo, N. Zhou. 2016. Innovation Capability and Post - IPO Performance. *Review of Quantitative Finance and Accounting*, 46: 335 - 357.

[123] Sahlman W. A., Stevenson H. H. 1985. Capital market myopia. *Journal of Business Venturing*, 1 (1): 7 - 30.

[124] Salim S. B. 2012. The relationship between size and financial performance of commercial banks in Kenya. Working Paper, University of Nairobi.

[125] Saloner G. 1987. Predation, Mergers, and Incomplete Information. *The RAND Journal of Economics*, 18 (2): 165 - 186.

[126] Sarkar, M. B., R. A. J. Echambadi, J. S. Harrison. 2001. Alli-

ance Entrepreneurship and Firm Market Performance. *Strategic Management Journal*, 22 (6 – 7): 701 – 711.

[127] Shen, Z., J. Coakley, N. Instefjord. 2014. Earnings Management and IPO Anomalies in China. Review of Quantitative Finance and Accounting, 42 (1): 69 – 93.

[128] Spatt C., Srivastava S. 1991. Preplay Communication, Participation Restrictions, and Efficiency in Initial Public Offerings. *The Review of Financial Studies*, 4 (4): 709 – 726.

[129] Spiegel M., Tookes H. E. 2009. Dynamic Competition, Innovation and Strategic Financing, Working paper, Yale University.

[130] Stoll H. R., A. J. Curley. 1970. Small business and the new issues market for equities. *Journal of Financial and Quantitative Analysis*, 5 (3): 309 – 322.

[131] Su C., Kenbata B. 2011. The impact of underwriter reputation on initial returns and long – run performance of Chinese IPOs. *Journal of International Financial Markets, Institutions & Money*, 21 (5): 760 – 791.

[132] Su D., Fleisher B. M. 1999. An empirical investigation of underpricing in Chinese IPOs. *Pacific – Basin Finance Journal.* 7 (2): 173 – 202.

[133] Su D. 2003. Adverse – selection versus signaling: evidence from the pricing of Chinese IPOs. *Journal of Economics and Business.* 56 (1): 1 – 19.

[134] S. Shah, A. V. Thakor. 1988. Private versus Public Ownership: Investment, Ownership Distribution, and Optimality. *Journal of Finance*, 43 (1): 41 – 59.

[135] S. Vismara. 2014. Patents, R&D Investments and Post – IPO Strategies. *Review of Managerial Science*, 8: 419 – 435.

[136] S. Vismara. 2015. Information Cascades among Investors in Equity Crowdfunding. Available at SSRN: https://ssrn.com/abstract=2589619.

[137] Tanriverdi H., Lee C. H. 2008. Within – Industry Diversification

and Firm Performance in the Presence of Network Externalities: Evidence from the Software Industry. *Academy of Management Journal*, 51 (2): 381 - 397.

[138] Telser L. G. 1966. Cutthroat Competition and the Long Purse. *The Journal of Law and Economics*, 9: 259 - 277.

[139] Teoh S. H. , Welch I. , Wong T. J. 1998. Earnings management and the underperformance of seasoned equity offerings. *Journal of Financial Economics*, 50 (1): 789 - 822.

[140] Tian, L. 2011. Regulatory underpricing: determinants of Chinese extreme IPO returns. *Journal of Empirical Finance.* 18 (1), 78 - 90.

[141] Ting, YU, T. K. Tse. 2006. An Empirical Examination of IPO Underpricing in the Chinese A - share Market. *China Economic Review*, 17 (4): 363 - 382.

[142] Tinic, S. M. 1988. A Review of IPO Activity, Pricing, and Allocations. *Journal of Finance*, 43 (4): 789 - 822.

[143] Tong, T. , W. He, He Z. L. , Lu J. 2014. Patent Regime Shift and Firm Innovation: Evidence from the Second Amendment to China' s Patent Law. *In Academy of Management Proceedings*, 1: 14174 - 14174.

[144] Tookes H. E. 2008. Information, Trading, and Product Market Interactions: Cross - sectional Implications of Informed Trading. *Journal of Finance*, 63 (1): 379 - 413.

[145] Tsoligkas, F. , I. Tsalavoutas. 2011. Value Relevance of R&D in the UK after IFRS Mandatory Implementation. *Applied Financial Economics*, 21 (13): 957 - 967.

[146] Turtle, H. , T. Walker. 2004. The Impact of Litigation Risk on IPO Underpricing. Working paper.

[147] Venkatraman, N. , J. E. Prescott. 1990. The Market Share - profitability Relationship: Testing Temporal Stability across Business Cycles. *Journal of Management*, 16 (4): 783 - 805.

[148] Wang, C. 2005. Ownership and Operating Performance of Chinese IPOs. *Journal of Banking and Finance*, 29 (7): 1835 – 1856.

[149] Wang Y., Fan W. 2014. R&D Reporting Methods and Firm Value: Evidence from China. *China Management Studies*, 8 (3): 375 – 396.

[150] Welch I. 1989. Seasoned Offerings, Imitation Costs, and the Underpricing of Initial Public Offerings. *Journal of Finance*, 44 (2): 421 – 449.

[151] Williamson, O. E. 1981. The Modern Corporation: Origins, Evolution, Attributes. *Journal of Economic Literature*, 19 (4): 1537 – 1568.

[152] Wong, J. 2012. Operating Performance of Initial Public Offering Companies in Hong Kong. *Journal of Modern Accounting & Auditing*, 8 (1): 46 – 65.

[153] Zhao, R. 2002. Relative Value Relevance of R&D Reporting: An International Comparison. *Journal of International Financial Management & Accounting*, 13 (2): 153 – 174.

[154] Zhidong Li, Tim Turpin. 2011. Industry Innovation Policies for Promoting SMEs: A Comparison between China and Australia. *Asia – Pacific Economic Review*, 5: 88 – 93.

附 录

附录1　国家“十一五”“十二五”和“十三五”计划和上市公司行业划分

行业	“十一五”（2006～2010年）		“十二五”（2011～2015年）		“十三五”（2016～2020年）	
	明确鼓励	重点支持	明确鼓励	重点支持	明确鼓励	重点支持
A01 农业	1	1	1	1		1
A03 林业	1	1	1	1		
A05 畜牧业	1	1	1	1		
A07 渔业	1	1	1	1		
A09 农、林、牧、渔服务业	1	1	1	1		
B01 煤炭采选业			1			
B03 油气开采业			1		1	
B07 有色金属矿采选业			1		1	
B08 黑色金属矿采选业			1		1	
B10 非金属矿采选业			1			
B50 采掘服务业			1			
C01 食品加工业	1				1	
C25 石油加工及炼焦业			1		1	
C26 化学原料及化学制品制造业	1				1	
C51 电子元器件制造业	1	1	1		1	
C55 日用电子器具制造业			1			
C57 其他电子设备制造业			1		1	
C59 电子设备修理业			1			
C65 黑色金属冶炼及压延加工业			1			
C67 有色金属冶炼及压延加工业	1		1			

续表

行业	"十一五"（2006～2010年）		"十二五"（2011～2015年）		"十三五"（2016～2020年）	
	明确鼓励	重点支持	明确鼓励	重点支持	明确鼓励	重点支持
C69 金属制造业			1			
C07 机械、设备、仪表			1		1	
C71 普通机械制造业			1			
C73 专用设备制造业	1		1	1	1	1
C75 交通运输设备制造业	1		1		1	
C76 电器机械及器材制造业	1		1		1	
C78 仪器仪表及文化、办公用机械制造业			1		1	
C08 医药、生物制品			1		1	
C81 医药制造业	1		1			1
C85 生物制造业	1	1	1		1	1
D01 电力、蒸汽、热水的生产和供应业	1		1	1		
D03 煤气生产和供应业	1		1	1		
D05 自来水的生产和供应业			1			
F01 铁路运输业	1	1	1	1	1	1
F03 公路运输业	1	1	1	1		
F05 管道运输业	1	1				
F07 水上运输业	1	1	1	1	1	
F09 航空运输业	1	1	1		1	
F11 交通运输辅助业	1	1			1	1
F19 其他交通运输业	1	1			1	
G81 通信及相关设备制造业	1	1	1		1	1
G83 计算机及相关设备制造业			1		1	1
G85 通信服务业	1	1	1	1	1	1
G87 计算机应用服务业	1	1	1		1	1
I01 银行业			1	1		
I11 保险业			1	1		
I21 证券、期货业			1	1		

续表

行业	“十一五”（2006～2010 年）		“十二五”（2011～2015 年）		“十三五”（2016～2020 年）	
	明确鼓励	重点支持	明确鼓励	重点支持	明确鼓励	重点支持
I31 金融信托业			1	1		1
I41 基金业			1	1		1
I99 其他金融业			1	1	1	
J01 房地产开发与经营业	1					
K01 公共设施服务业	1		1			
K10 邮政服务业			1			
K20 专业、科研服务业			1			1
K30 餐饮业			1			
K32 旅馆业			1			
K34 旅游业	1		1	1		
K36 娱乐服务业			1			
K37 卫生、保健、护理服务业			1			
K99 其他社会服务业			1			
L10 广播电影电视业			1		1	1
L20 信息传播服务业			1		1	1
L71 租赁服务业			1			

注：行业分类标准《上市公司行业分类指引》（三级代码）。

后　　记

完成一篇博士论文是非常不容易的，在这几年的博士学习中，我得到了很多老师和同学们的帮助和照顾，在此非常感谢你们的关照。因为有你们的陪伴，才让我在努力的道路上并不觉得孤单。

感谢我的父母以及亲朋好友，因为有你们的支持和鼓励，才让我每次在感到心灰意冷的时候，还仍然有信心和勇气去坚持追求自己的梦想。

在此，我非常感恩能在博士学习中遇到两位非常优秀和耐心的好导师。感谢澳大利亚麦考瑞大学的 Mehdi Sadeghi 教授对我的指导，使我能获得更加国际化和多元化的学习经历。

与此同时，向我敬爱的导师中国人民大学财政金融学院林清泉教授致以崇高的敬意和诚挚的谢意！感谢林老师以渊博的专业知识、真诚和蔼的待人态度、严谨的治学态度和敬业精神为我树立了一个优秀学者的典范。在博士学习生涯中，林老师和师母常老师都在学习生活上给了我很多关心与照顾，不仅教我治学，更教会了我面对困境时的泰然之心。一日为师，终身为父。与老师相处的点点滴滴，我都将铭记于心，用心珍惜。

最后，感谢这一路上所有关心和帮助过我的人！衷心祝福每一个人永远幸福安康！

For future, I will move forward and always remember.

周　率

2019 年 10 月